信仰は訴える

次世代への継承

水谷周 著

国書刊行会

はじめに

明治維新以来八〇年で敗戦となり、敗戦後もほぼ八〇年目を迎えようとしている。その間、いわゆる「近代化」に精勤に励んだ結果が、今日の日本である。そして現在はバブルの崩壊を節目に経済中心の時代が陰りを見せ、人のこころにより注意が向けられて、その意味で改めて宗教信仰のあり方が問われつつあるのではないだろうか。

この設問は下手をすると、どこかで聞いたような気がして、陳腐な響きさえ持つかもしれない。ところが実際は、この問いかけは新たな様相を呈して、再び我々に迫ってきているのである。現実を回避しなければ、その事実に正面から立ち向かうことになる。

本書は現代日本がこの戦後八〇年の起伏を経て、宗教の漂流と未完の社会改革という二重骨折を起こしているとの緊迫感と新たな息吹をもって、旧聞と思えるこの設問に立ち向かうことを主要な課題としている。

科学がすべてを解明してくれるのだろうか、本当に科学は万能なのか。一方、音楽や美術という芸術分野は、科学が答えられない側面が多くても人々は享受し、ますますそれを歓迎している。宗教も矮小化することなく、十分本来の力量を発揮させることで、人はその人間性を全幅に謳歌し、満喫してよいのではないだろうか。

日本の現状は無宗教と言われることもある。また宗教と聞くだけで、嫌悪感を持つ人もいる。他方実際は、神社仏閣での法要や参拝には多くの人が足を運び、また各地の祭りも盛んである。宗教にどう向き合えばいいのか、現代日本は戸惑いを隠せない。

日本だけではなく、世界的に見ても宗教に期待される役割に変化が生じているのではないだろうか。従来の天地創造、天国と地獄、生と死、原罪と人生といった壮大なテーマよりは、日々の生活での苦しみや悩みを軽減し打開させてくれるような癒し、そして死に望む人への看取りの術などがより切実な課題となっている。そういった諸問題への宗教の対応は、壮大なテーマに比較して取るに足らない問題に過ぎないのだろうか。

そして何よりも、宗教界は高次元の精神的で霊的なメッセージを自らの専権事項として、もっと世に発することで、人々に道標を示すべきではないだろうか。

著者以外の幾多の視点も、本書に掲載したいと考えた。幸い数名のムスリムの有志を募ることができた。それが最終章にある次世代の人たちの論考である。各々の立場から、多くの機会を通じて得られた貴重な知見や経験が記されている。それらは実に驚くほど生き生きしたものばかりで、信心の法燈が継承されている証でもある。

なお本書全体としては宗教一般の立場から書かれているが、イスラーム他特定の宗教に特化している個所は、その旨を明記して区別した。

著　者

目　次

一、信仰解放の訴え

西欧中世の神支配を越えることで人間固有の諸価値を見直すことができた時、それは人間復興(ルネサンス)と呼ばれた。二一世紀の世に入り、今度は圧倒的な科学的合理主義の呪縛から解かれて人の感性を取り戻すとすれば、それは第二次の人間復興となるだろう。本章では、このような理性と感性のバランスの取れた新たな人間類型を眺望している。

言い換えると、工業社会の合理性一本槍の克服であり、それは時あたかも環境保護やスロー・ライフの呼び掛けと呼応した格好になる。この感性の再稼働は人が本来的に自然と求めるものであるが、その重要な一端が、信仰の解放という位置付けになる。

(一) 科学、芸術、そして信仰

ア. 科学と合理主義

宗教信仰は現在のところ、二重の呪縛に取りつかれているようなものである。束縛されているとも言える。それらからの解放が、宗教の真価を知るための前提条件となる。その第一の縛りは、近代科学である。

欧米における近代科学の発達は、目に見える証拠と実験による証明の積み上げという手法に依拠して実現されてきた。この手法によるものだけが、事実とされるのである。そしてこの手法によって、多大な進展を見て、宇宙への躍進という大規模な成功だけではなく、遺伝子分析といった微細な世界にも観察の目が行き届くようになった。

このような発展は、一方では科学研究の諸原則に則らない手法を拒否し、その諸原則を支える価値観や世界観以外のものを、拒否することを当然視していた。言い換えれば、目に見えず実験できない事柄は、取るに足らず、それらは事実ではないので取り上げるべきではないし、そもそも存在しないという位置付けになるしかなかったのである(1)。

このような手法と姿勢は、合理主義ということにもなった。一七世紀のデカルトの「我思う、ゆえに我あり」、あるいはパスカルの「人は考える葦である」という言葉が直ちに想起される。人間の人間たるゆえんは、その理性の働きにあるということを高らかに謳い上げている。合理主義は科学の発展と手を取り合って堅固なものとなっていった。この主義以外は、時代遅れであり、非生産的であり、社会と人間に禍いしかもたらさないと考えられるようになった。非合理的であることは、すなわち悪そのものという語感を伴うようになっていることとは、すぐにも大半の読者諸氏も同意されるだろう。

科学的関心は今では、目に見えない多くの事象にも及びつつある。人の感情や信仰も例外ではない。認知科学（人の知的な働きの学際的研究）や神経神学（科学と宗教の溝を埋める学問分野）といった呼称も広まっているし、さまざまな科学的な分析で宗教的な事象が研究対象となっている。たとえば、人が祈ると特定の遺伝子を活性化させる、その遺伝子はウイルスの増殖を抑え感染した細胞を除去するので、修行僧たちは祈りや瞑想によって自然免疫系が全体に活性化されているというのである。さらには、修行によってある心理状態が作られるが、喜怒哀楽の「心」よりも深い、「魂」と呼ばれるものがこのメカニズムに関わっているかもしれないとされる。つまり分析のメスはやがて、「魂」にも分け入るということになっているのだ[2]。

以上は科学的研究の一例に過ぎないとしても、間違いなく日進月歩で多様な研究成果が報告されているのであろう。それらはいずれも興味深いものであり、他では得られない知識を提供するものとして貴重であることも間違いない。ただしどうしても不安感が付きまとう。それは恐らく科学者たちも同様であるはずだ。

その不安感とは、はたして科学的手法はいずれすべてを解明してくれるのであろうか、もちろんこれからも前進するとしても、それは光を強くすれば影も濃くなるように、進めば進むほど疑問点が増えるのではないのだろうか、そして結局は人がすべてを知る尽くすことは無理なのではないかということである。そして理解は理性であるとしても、理解したと思うのは理性以外の信念や信仰に依拠しているのではないか。これは単純な素人考えかも知れないが、一蹴されるほど軽薄な疑問とも思われないのである。

前の遺伝子活性化の研究者自身も、次のようなローマ教皇の言葉を引用している。

二一世紀の人類が直面する課題は、科学だけでも宗教だけでも解決しない。宗教がもたらす人間性の深い理解と、現代科学の知見を融合して苦難を克服しなければならない。(3)

われわれは日本の学校教育を通じて、科学一神教を叩きこまれたような結果となっている。神を肯定しつつ「それでも地球は動く。」と叫んだガリレオから始まり、前述のデカルトが「我思う、ゆえに我あり。」と言って近代理性の花が開き、やがてそれはニーチェの「神は死んだ。」やマルクスの「宗教は社会のアヘンだ。」との見解につながった。しかしアインシュタインは、「科学なき宗教は盲目であり、宗教なき科学は不具である。」と言い残した。さらに筋肉が萎縮する難病のために車椅子生活を強いられた、イギリスの高名な宇宙物理学者、ステーブン・ホーキング（一九四二―二〇一六年）の事例もある。彼は、「創造や進化に関して、神は必要ない。」と言ったとして不敬だとの誹《そし》りが飛び交ったことがあった。その顛末は、結局「…証明されるなら、」という仮定の上での発言であったとして、ローマ教皇と和解するに至ったことがあったのは、忘れられない。

ところでこのような厳しい宗教と科学の対立関係は、多くは欧米のものであり日本ではさほどでなかった。欧米の論争史を覗いてみても、その命を削るような激しさに関して、あまり実感が湧かなくても不思議はない。多くの卓越した科学者は輩出してきたが、正面から神との決別や決戦を口外して挑んだ例は、まず見当たらないのである。

夏目漱石との交流でも知られた科学者であり随筆家の寺田寅彦（一九三五年没）は、「天災は忘れた頃やって来る。」と言った。どうもその出所は確認できないようだが、いずれにしてもその含蓄は、日本は地震、津波、台風など天災の百貨店だということにある。そしてそのような不安感に満ちていたことが、日本人を自然と融和的にして、柔軟にしたという。つまり自然に神性を見出す日本の宗教伝統からすれば、人・自然・宗教信仰は一体の関係にあるということ。そのため自然は支配するものだという感覚で、それとの対決姿勢を露わにする欧米文化と異なる伝統が生じたという(4)。

日本人で初めてノーベル賞を受賞した湯川秀樹博士は、できれば西行や芭蕉のような俗世を離れた生活を望んでいたそうだ。彼の詠んだ歌には次のようなものがある。物理学の大原理が、自然と融和して捉えられている空気が伝わってくる。

　物みなの　底にひとつの法《のり》ありと　日にけに深く思ひ入りつつ[5]

明治の著名なキリスト教徒であった内村鑑三が初めて得た職は開拓使御用掛であり、科学者として北海道の水産資源調査に当たることであった。そして彼はダーウィンの進化論も相当勉強しそれに関する講演も行ったが、結局、札幌農学校の米人ウィリアム・クラーク校長の原始キリスト教をそのまま伝える指導を受けて、前述の対立関係は表明しなかった。つまり科学も信心もすべて、神に捧げるという立場であった[6]。

さて科学の全面的な証明力に根本疑念がどうしても残る一方で、宗教信仰も手放しですべてお任せということではないのだろう。まずそこには信徒自らの非力のために、さまざまな思い込みや、無知ゆえの誤解も含まれている恐れを持ったとしてもおかしくない。

また本当に世界の創造とその終末は、説かれていることがすべてなのであろうか。例えばイスラームで、死後において善人として直接に天国行きが許可されるのは、一〇〇〇人に一人くらいだといった話を聞かされれば、驚かない人はいないだろう。あるいは死後の魂の行きどころは天国、地上、墓中、水場などなど一体どこかなど、あまりに多様な議論もただ聞いてとまどうばかり。こういう事柄は実証世界を越えており、従ってこれらの情報だけが耳に入って来ることとなる。本当のところどうなのかなど、そこには一抹の不安が残って不思議ではない。ただしそういう場合、イスラームでは結局、アッラーが一番よくご存じだから、という決まり文句で閉めることとなる。

こうして宗教も科学も両者共、どこまで行っても未完結なのではないかという、それなりの不安感を抱えることとなる。所詮、人の能力に限界があるということでもある。そしてその結果は、科学も宗教も同じ病に悩まされていると言えるのだろう。

またそのような状態は、科学の前進と共に深まる恐れさえある。新たな発見は、新たな疑問を生じさせているからである。重力の法則で宇宙のビッグバンやブラックホールを説明できたとしても、それ自体は重力の存在や宇宙の創造を説明したことにはならない。そのブラックホールの映像を人類は初めて目にすることができたと国立天文台が正式発表した直後には、同天文台の別のグループがそれは計算違いであり、誤りであったと反証する始末である。

そこで次に思案を巡らす番となるのは、宗教信仰の方である。一抹の不安を覚えるというのは率直ながら非常に不敬で、冒涜だと非難されるのかもしれない。またそれは、やがて不信仰につながると警告されるかもしれない。しかしその一部に不確かさを感じたとしても、それは人間の浅はかさであり、誤解や失敗は人の常として、許容範囲であるとするのが、本当の宗教信仰だとの反論も想定される。なぜならば、その不確かさは部分的なものであり、ただちに根本の立て付けまで問題視しているのではないからだ。

公平さのためにも、科学に疑問を持ちつつもその真価を高く評価するように、改めて宗教信仰も固有の真価と高い評価を正面から行う必要があるということになる。(7)

イ．芸術

宗教信仰の真価をどう評価するのかについて、特定の方法はない。そこで音楽や美術といった芸術分野も理性だけでは計り知れない部分にその固有な本質があるという同種の存在であるので、それとの対比をするのは意味があると思われる。非理性的なものをまとめて情操や情緒性という一言に突っ込むのは乱暴であるが、これは立論のための方便である。非合理というと悪という語感の走ることは前述したので、情緒性、あるいはそれを感性で代行させてもよい。

感性に支えられる音楽や美術などの芸術分野は、合理的な説明を超越しているし、そのような説明を拒絶する所にその存立の基盤があるとも言えよう。もちろん美術史が絵画の流派の発展を解明することはあったし、特定の美術品の特質を明らかにすることもある。しかしその特質がどうして人に訴えるのか、という本質部分は説明外となるのである。それはその美を享受する人次第であるからだ。いくら美術評論家が称賛しても、一方ではそれはゴミ同然と唾棄する人たちが現れても不思議はないし、そのような諸例を人はしばしば見てきた。

一例であるが、セザンヌ(一九〇六年没)の油絵の一筆ごとが対象のオブジェの構造を示すような筆致は、まるで別世界の水墨画における明治の文人画家富岡鉄斎(一九二四年没)の筆使いを思い起こさせるものがあるという。因みに両者共、絵画はただ美しいものの描写ではなく、真なるものを表現するものであるという信念を持っていたことも、共通していたようだ。いずれにしても、遺憾ながらこれを読んだだけでは何のことか、あまり読者には伝わらないかもしれない。あるいは別の事例としては、ピカソの多くの人物画は、その純朴な表現からしてギリシア彫刻のそれを髣髴させるものがあるとされる。こちらの事例は直ちに、多少実感を伴って読むことができるだろう。

ここでのポイントは、こういった比較論は計算で出てくる結果ではなく、鑑賞者の慧眼としか言いようがないということである。慧眼の本性は、視力を越えたものであり、それは直感的な認識であり、人の審美眼なのである。このような筆致や作風の事例も、美の探求の一端として整理されうる。そして総じて言えるのは、内実は多岐に分かれているとしても、芸術が指向しているものは通常、美という言葉で総括されているということである。

芸術が理性の枠組みを超えて目指しているところが美であるとするならば、宗教のそれは何であろうか。その表現にもさまざまあるだろう。愛情や慈悲の心、あるいは節制や克己心などもある。しかし信仰の深奥にあるものは存在を超越した絶対的な何かであるとするならば、つまり非物質的で永遠な何かであるとすれば、それは荘厳さで満たされているものである。この荘厳さとそれに対する崇敬や畏怖の感覚は、深い信仰がもたらす固有の心境といえるのではないだろうか。因みに荘厳であり、真に畏怖する対象は何なのか、今の日本にはほとんど具体例を見ないのは残念ながら事実である。

荘厳さの中では、永劫の安寧が支配している。それは宗教信仰の究極的な到達地点といえそうだ。(8)仏教ではそれを、生成流転の事実をこの刹那に悟るという意味の解脱《げだつ》という用語で表している。街中の人気者であった室町時代の僧侶一休は、歩くときの杖の先には白い頭骸骨をぶら下げていたという。死のあることを人びとの眼前に、しかも日常生活の中で見せつけていたということである。

一方、イスラームでは安寧は不動の精神であり、泰然自若の心境とされる。安寧は不安を除去した一時的な安心とは区別されて、死後の天国で永遠に得られるものであると規定される。そして安寧を得ることこそは、真の幸福（トゥーバー、至福）であるともクルアーンに言及されている。(9)

「信仰して、善行に励む人たちにとっては、至福がかれらのものとなり、（その天国は）善美な帰り所なのです。」（一三：二九）(10)

再び芸術と宗教の交錯した関係性については、あまりに巧みな叙述として、次を引用しておきたい。

仏教の礼拝儀式や殿堂や装飾芸術は、決して宗教的生活の本質に属するものではない。宗教的生活はこれらの全てを欠いてもかまわない。荒野の中にあって、色彩と音楽とのあらゆる人工的な試みを離れ、ただ絶対者に対する帰依と信頼、そうしてこの絶対者に指導せられる克己、忍辱、慈愛の実行、それだけでも十分なのである。……

仏徒の教団においても、基督者の教会においても、原始的な素朴な活力を持っていた間は、決して芸術と結びつかなかった。むしろ芸術をば、その感性的な特質の故に、排斥する立場にあった。これは烈しい情熱をもって宗教生活のうちに突入しようとするものにとって、極めて自然なことである。……

しかし芸術が人の精神を高め、心を浄化する力をもつことは、無視されるべきでない。……かく芸術は、衆上にそのより高き自己を指示する力の故に、衆生救済の方便として用いられる可能性をもっていた。(11)

振り返ってみると、理性ではない感性に基軸を置く芸術の楽しさや美しさを、人々は十分享受し日頃より喜んで鑑賞しているのである。何のためらいがないばかりか、それは公教育の中でも教科となっている。それでは同じく非理性に主軸を置く宗教信仰はどうだろうか。こちらの方はまるで閑古鳥が鳴いている情景である。

現代の日本では宗教信仰と聞くだけで歩みは止まり、また時に忌避の現象さえ見られる。このような相違は要するに、宗教信仰によって得られる果実、すなわち荘厳さの実体験や、安寧の心境達成感を自分のものとしていないからである。このような甘美な味を強く期待し、また十分にかみしめたいと思わないで、どうして信仰の道を求めることがあるだろうか。

心を浄化する芸術が高く評価されるのであれば、それ以上に宗教は高く評価されて当然ということになる。すなわち安寧の果実は、美の果実よりも一層格段に高いものと位置付けられておかしくないはずだ。自明のことながら付言すると、芸術という「衆生救済の方便」が、本来それが目的とする信仰以上に高い評価を得るのは、論理矛盾であり、本末転倒ということになるからである。

そして結論的に繰り返すと、宗教信仰独自の真価と高い評価のポイントは、それ固有の効果として信徒に対して稀有な荘厳さを実感させて、ありがたいこと限りない安寧をもたらしうるという、まさにこの一点に集約されるのである。そして人々の多くは、その果実を収穫しないままに時間を過ごしているので、芸術は鑑賞しても一向に宗教信仰には関心が向きにくいという風潮が定着してしまっていると考えられるのである。

ウ．そして信仰

信仰解放のための第一の標的は、科学であり合理主義一点張りの思潮であった。しかし合理主義は、よく見ると非合理の感性を軸とする芸術を駆逐するものではなかった。ところが本来芸術が目的とする信仰を、合理主義は駆逐する始末となったのである。これは要するに、宗教信仰の頂点と言うべき甘美な果実が、十分に周知徹底され、享受されていないことが、このような大変に悔やまれる結果を招いているということになる。

荘厳さを実感して、安寧の心境を獲得するには、簡単に言えば礼拝堂のドームの下で、外から差し込む光を眺めて横たわっていれば済む話ではある。実際そうしている人たちをいつもイスラームの礼拝所には見る。また寺院の本堂にしばし座して動かない人たちも全く同様な感動に浸っているのであろう。それはキリスト教会でも見かける情景である。

ただしかし、そのような単純な実践行為だけではなく、話をもう少し掘り下げる余地がいくらもある。本項はそのための道案内である。つまり、ここでは宗教信仰の世界をもう少し深堀しておくことにする。その際留意したいのは、前項では宗教を芸術と対置して検討したために、宗教が示す荘厳さの実体験や安寧の達成といった、極めて精神性の高い部分に焦点を当ててきたということである。しかしこれ以降はもう少し日々の勤行なども含めた幅の広い実践行為にも関心を広げ、宗教信仰の全体像を見ることになる。

このように広範な形で設定した課題は、要するに当該宗教の教義内容を一望するということである。ところが主要な宗教の概要に関しては、すでに市販の出版物が溢れんばかりであることは誰しも知っている。しかし著者自身が信奉するイスラームの信仰論はまだ多くは出されていないので、以下においてはその要点を紹介しておこう。(12)

＊信仰の定義

真実・真理の直観・直覚とそれへの依拠・帰依。換言すれば、絶対主の支配を信じ、自らの言動を信心に即したものとすること。(13)

①「真実」とは宇宙の哲理（人は過ちを犯すものなどの鉄則、その究極は無限の宇宙の全存在とその見事な運営のこと）

②「直覚」するきっかけは様々（ひらめく天性は誰にもあるし、心が熟していれば直覚の機会はいつどこにでもある）

③「帰依」とは従順さ、翻って自らの小ささの認識

④信仰のもたらすものとしては、心の安寧、正しい道を歩む自信、栄光、誇り、生きがい、同胞心など。そして日常が永劫と連動する。

＊六信五行

これは以下のように、信仰箇条の整理されたものである。

①六信

第一　アッラーの絶対的支配（唯一にして永遠なる存在）
第二　見えない世界の存在（天使、悪魔、魂など）
第三　諸啓典（クルアーンは最後のもの）
第四　諸預言者（アーダムから始まり、ムハンマドは最後の預言者）
第五　最後の日のあること（最後の審判が行われる）
第六　定命のあること（アッラーの深慮と計画）

②五行

第一　信仰告白（二名以上の証人を立てて、アッラー以外に神はなく、ムハンマドはその最後の預言者である旨を表明する。入信の際に唱える言葉）
第二　礼拝（日に五回。これは義務的な回数だが、以下も義務的回数を示す。これ以外にも礼

拝には祝祭日や葬儀の礼拝、あるいは随時の礼拝などもある）

第三　喜捨（年に一回）

第四　断食（年に一ヶ月間）

第五　巡礼（一生に一回）

＊正しい道を求めて

信心の中軸は万有の絶対主であるアッラーにあるので、それをいかにして明澄に覚知するか、そして絶対である以上、単一であることの認識に関する議論が活発。

①アッラーの覚知論

・理知的方法―様々な事象、つまり自然美、信者は忍耐強くなること、信者はそれまでとは人が変わること、人生の不可思議な諸事の連鎖などに気づくこと。これらはアッラーの差配を見出す理知的なアプローチ。

・感覚的方法―偉大、永遠、最善、最美などアッラーの九九の美称を唱えることによって、アッラーの存在を感覚的に看取する方法。

②アッラーの単一性

真実は一つである以上、アッラーが単一であるのは当然の帰結。それ以外の神を並置する試みやその恐れのあるものを排除すること。それは精神をふらつかせるものであり、酒、麻薬、偶像、歌舞演曲、魔よけ、星占いや運勢占いなどが上げられる。アッラーまがいの物事やそれを誘発させる言動は「並置」と称されて、何がそれにあたるかは大議論のテーマである。

③信心の三段階

第一には、言動で教義に則ること（イスラームと言われる）。

第二には内心の問題として信仰箇条をしっかり確立し順守すること（イーマーンと呼ばれる）。これが狭義の「信心」と言われている部分。

第三には、信心に基づきあらゆる善行を積むと同時に、常にアッラーを身近に感じる最も敬虔な段階で、善行三昧（イフサーンと称される）。これが最も熟した完成度の高い信心であり、純な篤信のあり方として位置付けられる。

預言者伝承に次のようにある。

イフサーン（善行）について述べてください。」と問われたのに対し、預言者ムハンマドは答えて言った、「あたかも目前に座すかのようにアッラーを崇めることです。あなた

にアッラーのお姿を拝することが出来なくても、アッラーはあなたを見ておいでになるからですと。(14)

＊信者の精神生活

信仰生活に入ると、その心には新たな規矩がはめられるといえる。新たな価値観ともいえる。以下はその事例である。

①慈悲　広範な慈悲はアッラーにのみ可能な働きだから、定義は難しいとされる。愛はアッラーに対する敬愛（称賛と嘆願）と人同士の愛情（アッラーの好まれるものを愛すること）に区別される。

②生きがい　人生に目的が与えられ、日々は善行を積む営みであり、篤信が生きがいとなる。

③幸福　イスラームで幸福は、富や子沢山ではなく、安寧の心を獲得することとされる。この世の幸福は一時的だが、天国では永久の幸福がある。それは至福（トゥーバー）という格別の名称で呼ばれる。

④悲しさの克服　一喜一憂しないで、悲しさの裏で恵みを忘れないこと。余りの悲しみは、それまでの恵みを忘れていることになるので、不信の原因となる。「悲しむなか

れ」はクルアーンに頻出する言葉。

⑤恐怖心の克服　人は死を怖がるが最後の審判こそが怖いので、それ以外の恐怖心は抹消される。

＊倫理道徳上の主要な徳目

いずれの徳目もアッラーへの誓約が軸になり、現世的な対人的な処世訓ではない。

①誠実さ　アッラーへの誓約における誠実さの人間関係への反映。

②正義　アッラーは絶対公正であり、不正はアッラーが許されない、そこでこの世の不正を許すことはできない。これは革命の力となる。ただし公正、不正の定義は法律的なものではなく、ここではあくまで道徳的な意味合いである。

③忍耐　人には是非善悪が分からないことも多いので、性急さを避けるべきである。アッラーに委ねる心境の必要性。逆境もアッラーの定めとして甘受する。

④禁欲　義務と禁止の間の自由な領域では、節度が信者の姿勢となる。謙譲の美徳が導き出される。

⑤感謝　自分には多くの恵みが与えられていることを常に忘れない。

⑥悔悟　預言者は日に七〇回悔悟。その日のうちに早く反省することなど、条件がある。

アッラーも悔悟されるが、その場合は悔悟する信者の許へ戻られるという意味。

＊最後に

信仰に対する最大の報奨は、最後の審判で選ばれて天国行きが可能となること、そこで人の務めは篤信であることであり、人の生涯全体が試練の場であるということになる。だがそれは何も暗い気分のものではなく、冷静沈着ながらも希望と活力に満ちた、心身ともに正しい生活が保たれている状態である。

アーダムとハウワー（イブ）も果実を手にして天国を追われるが、激しく悔悟して最後は赦され一緒に巡礼を果たすというのが、イスラームのハッピー・エンディングである。さらにはムスリム同士の親近感や相互扶助の強調なども、短い一生ではあるが生活を充実すべしとの気持ちを支えるものである。自殺は禁止されている。

イスラームにおいて聖職者はいないので、信者一人ひとりが直接に教えの実践とその伝播に責任を感じている。

以上はイスラーム信仰の骨子である。その全体の頂点に荘厳さに満ちた安寧の心境が待ち受けているのである。なお本項を離れる前に、是非紹介しておきたい現代イスラーム思想家の論述がある。以下はその抜粋であるが、すでに検討してきた宗教と科学の対比や直観的認識など、全ての論点をイスラーム風に展開しているのは、偶然とは思えない。この思想家とは、著者が長年追い続けてきた、エジプトのアフマド・アミーン（一八八六―一九五四年）である。

宗教の柱は、啓示と霊操《れいそう》などを通じて見えない世界に魂が達するということである。そして最も高貴な感覚で最高の力に達するということである。もしそれが霊的領域を超えて科学的領域に踏み入れることであれば、科学を説明したり照明したりするだろう。あるいは科学者の研究や成果を否定するかもしれない。そうして自らの役割を超えることになる。他方、科学が宗教を論理で証明し始めるとすれば、それはキリスト教であれイスラームであれ、神学者のようになる。しかしそれは哲学でもなければ宗教でもない、いずれも味わいもないような、つまらない哲学を持ち出すことにほかならない。それらはいずれも、目で匂いを嗅いで、耳で聞いて、鼻で味わうようなものである。(15)

続いて頂点に達するための直観については、次のように言う。

人には理性的な力以外にもう一つの能力、あるいは才覚があると思われる。それは既知の諸事実から結論を導き出す、論理でなじみのある方法ではなく、別種の真実を認識するものである。その力は、啓示、直観、顕示などの能力が潜んでいるところである。そしてそれは既知の事実の計算や、結果の評価はしない。それは一瞬の稲妻のようなもので、それで諸事実を明らかにするのである。動物にもそのような能力があることは、アッラーが言われた。

「またあなたの主は、蜜蜂に啓示しました。山や樹木、かれら（人びと）の建造物に巣を作りなさい。」（一六：六八）[16]

最後に宗教と芸術に関しても、本書を通じて見て来た議論とほぼ異口同音に述べている。

文学や音楽や絵画といった芸術は、基礎として感情的な理解がある。そして外見の背後にあるものへの感性もある。物事の中核やそれらと芸術家の感情や情緒との混交、さらには芸術家の性格との混交に到達もする。そしてそれらを調和した姿で表出し、高貴さと高尚の感情を啓示する種々の絵画や色彩を創り出すために創造主の力を得ることも、基礎となるのだ。[17]

本項によって、宗教信仰固有の世界と価値観を垣間見たので、科学という宗教信仰の第一の呪縛を氷解させる一つのきっかけにはなるかと思われる。それは科学信仰や理性信仰の克服であり、そこでは理性と感性がバランスよく維持されている。それは一つの新たな人間類型であり、それは人間復興でもある。

（二）宗教信仰研究の貧困

第二の宗教信仰の呪縛は、信仰に関する学問研究の貧困という問題である。研究が潤沢でないので、信仰熱が冷めるということでもない。しかし明らかに信仰に関するしっかりした教材はそれだけ減少するし、また宗教を見る際、信仰は頭脳的に劣る側面だとの印象を与えてそれを阻害する影響があるとすれば、まさしくそれは呪縛となる。逆に盛んに研究レベルでも議論されれば、それは良い刺激となること間違いない。

信仰分野は長年の間、宗教学ではタブー視されてきたとも見て取れる。恐らく感性も稼働させるのは実証研究の埒外として、触らぬ神にたたりなしとばかりに入界が抑制されてきたのではないか。しかしそれもようやく時来《きた》るである。信仰研究はいずれ解禁されるべく、その好機を待ち構えていたと表現できそうだ(18)。

この新規の論陣を張って知られるのは、ウィルフレッド・キャントウエル・スミスである。オックスフォード大学やケンブリッジ大学で宗教学を学び、その後ハーバード大学やカナダのマギル大学で教鞭をとった。彼は、一九一六年、カナダで生まれたが、一〇代で家族と共に半年間エジプトで生活し、また二〇代には五年間インドで活動した。このことが彼の宗教多元的な宗教観に大きな影響を与えたとも思われる。同時に宗教信仰を机上ではなく、生きた人間の多様な生き様の中に観察し、それが宗教全般に占める比重の重さを経験的に体得することにもなったのであろう。

多数の著作は、宗教学一般とイスラーム研究の両分野をカバーする広範なものであったが、宗教信仰研究に関しては、次のような画期的なパラダイムを提唱した。従来の宗教研究は、研究対象をもっぱら客観的に外から観察可能なものに限ってきた。それらは個々の人間が内的に経験する絶対者との関りである信仰の表現であることに十分な注意を払ってこなかったのだ。

旧来の手法は、いわば宗教を「もの」として研究してきたということになる。その主要な原因となったのは、それまでの宗教を外的な対象物として見る概念であった。そこでこれを「蓄積された伝統」と「信仰」に分けて検討することを提唱する。それによって、前者は信仰の表現として見ることとし、さらに後者は各自の「信仰」を生きる個々人の人格的な営みとして研究するというのである。

そこでスミスは、信仰がどのように表現されてきたのか、そして信仰はいかに個々人の状況を勘案した人格化されたものとして見るべきかを、試論としてさまざまに論及している。

まず表現の様式としては、散文や詩といった言葉、儀礼や道徳的行為といった行動様式、芸術や制度、法律、共同体、性格など、数多くの切り口を取り上げている。

例えば芸術については、「彫像は作られたものであって、彫像が何かを見るということは不可能である。しかしその制作者は何かを非常にはっきりと見たのである。それはこの世界を越えた何かである。そしてもしわたしたちが、この彫像を見る際に、彫像以上の何物も見ないのだとしたら、それは確かに私たちが鈍感であるということになろう。[19]」共同体に関しても、「キリスト教の教会、ムスリムの「ウンマ」、ヒンドゥーのカースト、仏教のサンガその他は、その主要な部分において、これらの分類集団をこれまで構成し続け、今もまた構成している人々の人格的な信仰の表現なのである。[20]」

こうしてさまざまな表現様式を通して、超長期にわたって信仰の全貌に迫る方向を指し示した。次のような見解も貴重なものであろう。

神学は伝統の一部であり、この世界の一部である。信仰は神学を越えたところ、すなわち人々の心のうちにある。そして真理は、信仰を越えたところ、つまり神の心のうちにある。(21)

私たちが望んでいるように、宗教生活の観察可能な側面（著者注：伝統）に対して行われたのと同じぐらいの規模と熱心さと持って、そしてまた、現代人がこの領域について理解するのに必要な規模と熱心さをもって、この種の取り組みがなされるのであれば、次の一世紀の間に、この問題（著者注：信仰）に関して多くの成果が得られると予測することもできよう。(22)

同様に、ムスリムの信仰は、ただ神のみが歴史の外に存在するということについての、また地上の歴史のうちで自らに課された義務はただ神のみに従うことであるということについての、彼の人格的な認識であり、この認識は地上において歴史の中で生じるのである。この信仰は幾世紀にもわたって変化してきたのであり、これからも変化し続ける。別の言い方をすれば、それはこの信仰が本物であるということである。……伝統は発展する。人間の信仰は変化する。しかし神は永続するのである。(23)

いずれも含蓄の深い指摘ではあるが、スミス自身は信仰研究に関してその後多少敷衍することはあっても、各論は詳述しないままに、二〇〇〇年に他界してしまった。そして同著において最後に、彼が浮上させたのは、新世代における第三のタイプであったことは忘れられない。それは宗教の外部の観察者と内部の参与者の両方に同時に役立つ適切な一つの理論を構築する、「次の世代の人々」であった。(24)

＊宗教（イスラーム）と信仰（イーマーン）の用語使用比率比較

なおスミスは同著において興味深い統計表を掲載している。それはイスラーム世界でも信仰論が、後ずさりしてきているという指摘である。まずその統計表を著者（水谷）なりに簡潔な形式に改めて、ここに紹介しておこう。(25)

	宗教	信仰
初期	14.9%	85.1%
中世	60%	40%
現代	92.9%	7.1%

宗教としてのイスラームという言葉と、信仰（イーマーン）という言葉の使用比率比較である。統計の基礎は、ドイツの東洋学者として広く知られた、カルル・ブロッケルマン（一九五六年没）の『アラビア語文献史』(26)という膨大な著作である。それは宗教、文学、法学、神学、歴史、文法、言語など多方面の諸学問の分

野の、アラブ・イスラーム文献の総合目録である、文献とは言ってもいつも新しいものが発掘されているので、同書はいまだに恒常的に更新されている。そして現在では、デジタル版も普及している。同書に登場してきた多数の文献の表題に、イスラームとイーマーンが使用されてきた回数を統計表にしたものである。あまり細かい数字に引っ張られる必要はないが、大きな傾向を知るには、これで十分である。

これから見て取れることは、初期（クルアーン当時）には明らかに信仰確立に最大の関心が集中していただろうということである。二大真正預言者伝承者であるムスリム（八一七年没）とアルブハーリー（八七〇年没）のいずれもが、信仰の章から始めていることも注目すべき所である。次いでは中世だが、そこでは比率は半々に近くなっている。ところが現代の二〇世紀に入ると、状況は驚異的な様変わりで、ほとんどは宗教としてのイスラームにしぼられることとなった。

この急変の原因としては、やはり欧米からのイスラーム論が影響したものと考えられる。しばしばそれは批判や非難の論調であった。一八世紀以来、預言者伝承はすべて贋作であるとか、イスラームの普及は片手にクルアーンを、もう一方には剣を持っていたことによるといった暴論も聞かれた。預言者ムハンマドの人格的な批判や、最近ではテロリズム非難が多発してきたことは、記憶に新しいものがある。イスラーム側は当然ながら、不当な批判には反論しなければならなくなった。こういう欧州の激しさが、宗教としてのイスラームの使用比率を上げたと見られる。

ちなみに宗教の名称として、欧米で「イスラーム」が定着したのは、実は第二次大戦後だという事情もあった。それまで大半の場合は、「ムハンマドの宗教」と呼ばれていたのが、大戦後は欧米もイスラーム諸国自身の呼称を尊重しようという理解が進んで、イスラームと呼ぶのが普通となったのであった。

一方、信仰への関心はどうなったのか。欧米の批判のために、この関心が低下したという兆候は特にはないと言える。ただし信仰のあり方にいくつかの疑問が、イスラーム側の中にも出てきたということは言えるだろう。その一つが、原典主義や原理主義である。また近現代の物質主義的な生活体系から来る、一般的な精神面への関心の低下も否めない。これはわが国を見れば、全く多言を必要としない。但し世界の他の諸宗教と比較すれば、まだまだイスラームの信仰重視の姿勢には堅固なものがあるというのが、著者の見る所である。[27]

（三）イスラーム信仰論の展開

前項で見たように、研究レベルでも信仰を対象とする作業が進展すれば、それは実践としての信仰を巡る第二の呪縛を解くことになる。信仰分野の奥深いことは底なしであり、その調査や研究が増幅するさまは青天井とも言うべきであろう。一気に信仰論の貧困は、信仰論の大盛況に様変わりとなることは目に見えている。ただしそのためには、研究者個々人が信仰の何かを身をもって知り、経験も積むことが前提となる、それはまだあまり目に見えては来ていない。スミスの言うところの、宗教の外部の観察者と内部の参与者の両方に同時に役立つ「第三のタイプ」の登場と活躍には時間と幸運の両要素が求められる。

この脈絡において、実は著者自身が夙にイスラーム研究においては、信仰論を興こすべきだと主張してきていたので、その論述をここで真正面から再登場させることは許されるだろう。ただしスミスの発想の原点は、宗教を「もの」として扱う従来の宗教学の姿勢に釘を刺すことにあった。しかし著者のそれは少々異なり、そもそも宗教の希薄な日本社会においてイスラームの理解を進める上では、もっと実態に寄り添って親密にその内側から説く必要があると強く感じていたという事情があった。つまり法学や神学を中心に置く欧米イスラーム学の流儀では、イスラームの外皮ばかりをなでているという、危惧と焦燥感があったのである。そして実際のところ著者自身の著述は、イスラームにおける信仰諸論の枠組みに沿ったものとなってきたのであった。(28)

事実イスラーム諸国においては、信仰論や道徳論は非常に重視されてきた。しかしそれが見過ごされてきたことが、取りも直さずムスリムの生きた実像を提示する機会を減少させ、その結果多くの日本人にとってイスラームが理解されにくい土壌を形成してきたのであろう。言い換えればイスラームは、宗教として生きた信仰を中軸としつつ、なかんずく慈悲や誠実さといった倫理上の徳目を尊ぶ信仰体系であり、決して法学や神学の学問体系それ自体ではないのである。もちろんイスラーム法の順守そのものが、信仰であり道徳的であるとの整理もされるが、それは道徳論の重視を言っているのと同義ということになる。

ここではこのように見過ごされてきた信仰関連諸論を、信仰論、倫理道徳論、精神生活論、体験論の四分野に分けて、その広がりを素描する。ただしスミス流の入り口前の長広舌は避けて、各論議の内容の豊富さを直ちに一望することとしたい。

ア．信仰論

信仰箇条を整理し確かめ、その内容の全貌を正確に把握することは、いずれの宗教でも必須の作業であることに変わりない。さらには裾野をひろげて、信仰という営みは何をどうすることか、なぜ人はそれを求めるのか、またそれには程度の差があるのか、あるとすれば最も篤い信仰とは何か、また逆に信仰から離れるケースはどのような場合か、などのテーマに広がる分野である。もちろん神学の一部として取り上げられる場合もあろう。あるいは経験論的な視点より取り上げられることも少なくない[29]。

著名なものとしては、一四世紀のイブン・タイミーヤが『信仰論[30]』を著し、信仰の三段階、不正や腐敗、そして信仰と勤行の関係などの諸点を論じた。今日通読するには時代背景が異なり、また派閥抗争のような場合は相手側の議論を踏まえる必要があるので、同書の全体的な把握は容易ではない。また現代の教科書的な出版物として簡潔にまとめられ、手頃なかたちで普及しているのは、二〇世紀のナイーム・ヤースィーンの『信仰論[31]』である。あるいは九〇年代以来、闊達な自由主義的方向の議論を展開し、二〇一一年のエジプト革命の後、憲法起草作業に加わったファハミー・フワイダの『信心の欠落[32]』なども、現代という宗教受難の時代を憂慮する話題作であった。

現代の教科書的な表現として、信仰とは「(アッラー、見えない天使や悪魔、啓典、預言者、最後の日、運命の六箇条を) 真実であると信じ、自らの言動を信心に即したものとすること」であると定義される。また信仰とは、「舌で言う言葉やただ天国を信じることだけではなく、それは心を満たす信条である。またそれは太陽の光が発散し、バラの香りが漂うように、外に溢れ出てくるものである。」と熱く語られている (アルサイイド・アルサービク『イスラームの信仰箇条[33]』)。

課題を敷衍すると、信仰生活の様々なあり方を調査、研究するのも、この分野のテーマとして実りが多いだろう。例えば各地で使用されているドゥアー（祈願）の言葉などは、まさしく生活実態を反映するケースも多いが、このドゥアー集を体系的に研究するのもよい課題である。また各地のマスジドにおける金曜礼拝の際のフトバ（説教）も、重要な素材となると思われる。さらには随時出されるファトワー（法勧告）については種々編纂されて出版されているが、これは社会経済や法学的な視点から相当研究対象として取り扱われてきている。他方同時にそこには、しばしば信仰心のほとばしりを見出すのも当然であり、そのようなアプローチは未開拓と言って差し支えない。

あるいは次のような着想も可能となる。つまり、市民が信仰の道に歩み始める契機となるのは、学府における神学の講義を聞くのではなく、むしろ悩みを解きほぐしてくれる様々な講話や説教であり、総じて伝教活動（ダゥワ）の結果であろう。そこでダゥワの言説を中心としたその内容を広く深く精査することには、信仰の一翼を明らかにする貴重な素材が秘められているということになるのではないか。

因みにイスラーム諸国では、ダゥワは独立した学科扱いされることが多い。その内容としては多岐にわたる実例なども伴い整備され、実地の訓練も行われるなど、実は信仰心の働きが如実に投陰される場面を提供しているものである。ところがこのような視点からダゥワの全貌を把握する試みは、著者の知る限りまだ研究の鍬入れが済んでいない。

イ．倫理道徳論

倫理も道徳もアラビア語ではアフラークの一言であるが、それはしばしば作法を含むものとしても使用されてきた。そしてそれは統治者の指南書であったり学校や家庭の指導書であったり、あるいは子供の絵本といった形で民衆の啓蒙書として、広く教化の源泉となってきた。(34)

例えば道徳の書として古典扱いされる一一世紀のイブン・ミスカワイヒの『道徳の修練』は、当時の支配者への指南の実用書として編まれたものである。そこで道徳の目的としてイブン・ミスカワイヒは、「いつも正しく美しい行為が生まれるような特性を形成し、しかもそれを何ら困難なく容易に達成すること」であるとした。また、人には善を求める性向があるが、人として欠けるところのある者は動物と同様であることは、刃の欠けた刀剣は鉄屑に過ぎないのと同じだとも述べて、倫理道徳の意義を強調した。(35)

また健筆家であった一四世紀のイブン・カイイム・アルジャウズィーヤの『作法全書』は、四巻本の長大なものであるが、それは食事や接客などの作法書を目途として執筆されている。(36)また最近の総合的なまとめとして見て差し支えないのは、アルマイダーニ『イスラームの倫理とその基礎』である。(37)クルアーンやハディースの論拠を多数示し、これも二巻本ながらそれぞれが分厚な大作である。なお現代的な教育書、児童書としてもこの分野の出版物は多数出されている。一般書としてここで触れるとすれば、例えば『アラブ・イスラーム道徳の価値・美徳百科』全五二巻がある。各巻は一〇〇頁余りの分量であるが、それぞれに尊厳、寛大さ、嫉妬心、赦し、節度、公正さなどの徳目が当てられており、各項目が特化して取り上げられている。学校や家庭でも利用しやすくなっているが、少なくとも日本から見て彼らがイスラーム道徳をいかに重視しているかが、手に取るように伝わって来ることは間違いない。(38)

なおイスラームの倫理・道徳論を探求することにより明らかになることが期待される一つとして、誠実さ、忍耐，慈悲など幾多の徳目が示されるとしても、その根本はアッラーとの誓約に基づく信念であり価値観として、いずれもが同根であるということだ。だからそれらはバラバラにあるのではなく、いわばたわわに実った一房のブドウの実にも例えられるということである。それらすべての徳目は、互いに補強しあっているともいえよう。また価値判断が人間関係に終始する日本の処世訓とは、全く似て非なるものであることも明らかである。

ウ．精神生活論

イスラームの信者といっても、人の子として様々な喜怒哀楽などの心の動きに左右されるのは当然である。しかしそれらの諸相はイスラームの規範に収められるとどうなるのか、あるいはどうあるべきかといった問題を議論する分野である。[39]

例として、幸福をめぐる活発な議論がある。幸福という言葉は、クルアーンには一度も使われていない。しかしそれがギリシア哲学の導入によりムスリム知識人の知るところとなり、幸福論は最もかまびすしく論争されるテーマの一つとなった。急速に活発化した背景には、クルアーンに用語は異なってもほぼ同様な諸概念が散在していたからであった。「良い生活」（一六：九八）、「窮屈でない生活」（二〇：一二四）、「イスラームに対し開いた胸」（六：一二五）、「心の安寧」（一五：二八）などである。

何が幸福で、何が不幸の原因か、幸福とはどうなることかなど、まずは西洋哲学でも見受けられる議論が先行した。著名な一二世紀イスラームの碩学ガザーリーにも、『幸福の化学』がある。[40]また既出のイブン・カイイム・アルジャウズィーヤも『幸福の家の鍵』を残した。[41]その後も幸福論は現代に至るも様々に展開されてきており、しばしばアラブ人研究者の学位論文のテーマとしても登場する。素材は潤沢だ。

他方クルアーンでしきりに説かれるのは、この世は一時的なものに過ぎないという儚さであり、人間の飽くなき強欲は根拠なき過ちであるということである。

「この世の生活は、ただ虚偽の享楽にすぎません。」（三：一八五）

そこでイスラームでは、幸福とは結局アッラーに天国行きを認められることに尽きる、という結論付けが通常である。そこに永劫の安寧も見いだせるとされ、その状態にはクルアーンにもただの一度だけ出てくる「トゥーバー(至福)」(一三:二九)という特別の用語が当てられることは前述した。そして重要なことは、以上の次第はただ頭で考えてそうだというのではなく、ムスリムの生活であり人生全体を包み込む信念であり、判断基準となっているという点である。

以上と逆の視点は、悲しむなかれ、というクルアーンに頻出する表現をタイトルにした著作である。現代の売れっ子であるアーイド・アルカルニーの『悲しむなかれ』は、三〇刷を重ねるほどアラブ世界の大ヒット作になり、英、独など世界で三〇か国語に訳された。世界中では、合計一〇〇〇万部の売れ行きであったということである。余りに悲しむことは他の多くの恵みをアッラーから与えられていることを忘れていることになるから、それは不信仰の種を撒いていることでもあり控えるべきだ、というイスラームの根本を確かめる内容になっている。その書き振りは多方面からの引用文の連続であるが、その選択が伝統的なイスラーム文献に限らず、欧米の素材も取り込んでいるところも人気の原因になっているのであろう。(42)

この精神論の分野に関しては、笑い、怒り、生きがい、愛情、嫉妬心、あるいは高齢に伴う悩みなどの側面から、多数の現代的なものも出版されている。それらはほとんどすべて、日本の生活感覚からしても非常になじみのある諸側面であるので関心を惹起されやすい。それだけ親しみが湧く分には悪くないが、逆に日本でのイメージを投陰するところから誤解を招く落とし穴もあると思った方がよいだろう。

エ．体験論

信仰の日々の体験などを綴った内容であり、枠組みは自由で不定形だが、それだけ読者に訴える自然な力に強いものがある。随筆集のような形をとることも少なくない。

このような信仰の体験を綴った形式が信徒に強いインパクトを与えてきた事例として、一二世紀のイブン・アルジャウズィー著『随想の渉猟（サイド・アルハーティル）』が知られている。失念、俗欲、忠実さ、志の高低、処罰の原因、時間と栄光、公正さ、神秘主義の逸脱、雑念、孤独、至福など、ほぼ三五〇に上る項目が連綿と、特定の順序なく続いている。著者（水谷）は、これぞ中世ムスリムの信条と真情を吐露した好例として日本で知られる価値ありと考えて、この膨大な作品の摘訳を上梓した。本望達成感があり、欣快な思い出ともなった。(43)

これの現代版とも言えるのは、既出のアフマド・アミーン著『溢れる随想（ファイド・アルファーティル）』である。約五〇〇篇を含むこの随筆集は、政治や社会問題も扱っているが大半はイスラームの論議である。その中心となっているのは、「ラマダーン月講演集」である。

それは二三回に分けて実施された講演を記録したものであるが、文字通り信仰を巡る様々な諸問題について縦横に論じ、また自らの体験も混じえて綴った内容となっている。例えば「宗教と科学」の議論や、信仰の真髄を分かりやすく講釈する「精神生活」などは、現代社会や文明の動向を睨みながら実に明確な指針を提供している。

この随筆集は著者(水谷)が三〇年以上にわたって扱ってきたものであるが、全一〇巻からの摘訳を人生論、宗教論、文明論に仕分けて、一巻として出版することができた。これもやはり、精査しているうちに三〇年もかかったという意味でも、稀有で欣快なことであった。[44]

因みにアミーンにおける信仰の頂上感覚は、次のようにまとめられよう。本来無定形で把握しにくい実態の的確な表現は、筆者アフマド・アミーンの高度な学術と鋭い体験の結実として、まさしく体験論の分野に期待される精華と言うべきものであろう。

世界は見える外の世界と見えない内の世界の二つに分かれる。信仰は見えない世界に対するものだが、それは幻覚ではなく生まれついての人間の天性の一部である。外を認識するのは五感により、その結果知識がある。内を知るのは直観と覚知による。前者のために科学と哲学があり、後者のために宗教と芸術がある。宗教の柱は、啓示と内的世界に到達するための霊操であり、それにより最高の力に最も高貴な感性で触れることができる、と。[45]

なお右二作品はアラビア語のタイトルが語呂合わせになっているので、和訳でも両者を「イスラームの徒然草」という共通の名称を使って命名してみた。アラブ文化における、遊び心を生かしたつもりである。しかし考えてみると、中世研究と現代研究という異なる分野になるので、両和訳を手に取る人はごく限られているだろう。

さらに別の事例として、例えばアミーンと同時代のムハンマド・フサイン・ハイカル著『啓示の降りた場所』は、彼の巡礼記録である。巡礼というイスラームの儀礼の中でも頂点の日々に関する、彼の貴重な信仰体験記ともなっているのである。政治家で作家でもあったハイカルの筆にかかると、その信仰の篤き想いがひたひたと伝わってくる。そして巡礼終了後エジプトに帰国してからは、赤子の心に戻って誠実一筋の日々を過ごす決意を語る下りは、多くの巡礼者共通の心情を読者に知らしめる。(46)

巡礼中に祈りが最高潮に達する、巡礼月九日午後のアラファの丘における彼の心情は、アラビア語では韻文調の名文で著されている。

この偉大な巡礼の霊的世界は今この地点で集結し、またこの瞬間、毎年集結するのだ。そしてその時、この世の虚飾を離れ地上で御教えが実現するように、また正義と平和が実現するように、アッラーに祈念するのだ。(47)

上記は巡礼をめぐる著述であるが、実は礼拝であれ断食であれ、各勤行をめぐってはそれぞれに信仰体験を霊的なタッチで描写した著述がなされてきている。それらの一群は、「ルーハーニーヤート」（霊験記）と呼ばれているものであるが、その影響力の大きさにもかかわらず、イスラーム諸国の圏外では、ほとんど調査や研究の食指が伸びていないというのが現状である。

オ．最後に

最後に付言したいことがある。それは、信仰を巡る研究は、さほど肩をいからせるものではないだろうということである。端的に言えば、それは遊び心で臨むのが一番適切と言いたいのである。もちろんこれは、語感が良くないことを利用しての逆説的な表現である。信仰はそもそも人の心のあり方であり、それは移ろいやすい性向であるのは論を要しない。それは整理整頓のきいた近代都市ではなく、雑踏を意に介しない混沌の市場なのである。その無定形さに耐えること、あるいは馴染むことが求められるのであり、文学も芸術もそこでどれだけ遊べるかが勝負と言えるとすれば、それと同様であるということになるのである。

遊び心と言えば語弊があるとすれば、広い野に咲く多種多様な花々を楽しむ境地である。そのような心構えが最も探求の触手を伸ばすであろうし、そのような気構えが広大な信仰心の躍動を一番的確に把握すると期待されるのである。分析のメスを握り締めて剛力で抑えつければいいという相手でないことは間違いない。

(四) 二度目の人間復興

ア．自然な欲求

科学信奉と信仰論研究回避という二重の縛りが氷解した後の、宗教信仰の様子は次のように寸描されるであろう。

周囲の目を気にすることもなく、心静かに思うままに儀礼に参加し、あたかもそれはいそいそと音楽会や美術展に赴くかのようである。いやそれ以上に、厳粛で神々《こうごう》しいものである。そして来ては去り行く日々は、ギスギスと時間厳守だけに振り回されることもない。常に最善を尽くすことは自らの義務として励行するが、その結果が思ったようでなくとも、互いに許しあう筋書き、あるいは物語が流れているのである。人と接触して、互いにいつも念頭にまず浮かぶ事柄は、さまざまな徳目や利他の感覚である。それらの徳目は共通の財産であり、それらと一体となって同時に世俗的な諸規範や規則も互いの紐帯を助けることとなる。

価値観の共有と相互扶助の共同体の中にある。これらはまさしく、「祈りを唱える人ではなく、祈る人になりなさい。」と、マザー・テレサ(一九九七年没、マケドニア生まれ、インドで活動)が言った姿である。また、日常の中の祈りではなく、祈りの中の日常となるのである。

このような寸描は、絵空事か、またはただの幻想なのだろうか。そうであれば、それを破棄し、看過すればいいのであるが、実はそうはいかないのが人の常である。つまり、人は本来的にそのようなものを希求するようにできているのである。ということは、現実ではないにしても、夢を描き、その夢の中に半身を置いているというのが実際のところなのだ。

それでは人はどうして夢を描き続けるのであろうか。そして願い続けるのであろうか、という根本問題に立ち返ることになる。願いや祈りが体系化すれば、それは即ち信仰と言えるが、これらの設問は要するに、信仰の源泉を訪ねるということになる。それは三つの世界宗教の間で、ほぼ異口同音と言えそうだ。

＊イスラームの場合

人にとって信仰とは、不可分で不可欠な営みであるというのが、イスラームでは揺るぎない大前提である。一例として、高名なイスラーム指導者による信仰の源泉に関する説明の仕方を見ておこう。

信者は存在全体の摂理（の一部としてその天分）に調和して、また自身に与えられた摂理とも、戦いではなく平和と協調の関係をもって生活するが、その摂理はアッラーが賦与されたものである。そしてそのような摂理に導かれるからこそ、信者は静穏を見出すのである。ところが人間の与えられた天分には空白部分があるのだ。それは科学や教養や哲学で埋めることはできず、それができるのは至高なるアッラーへの信仰だけなのである。人間の天分としては、アッラーを見出し、それを信奉して、それに向かわない限りは、緊張、空腹感、そして喉の渇きから逃れることはできないのだ。またそうしてこそ疲れは癒され、渇きは潤うこととなり、恐怖から逃れて、迷いから導かれ、失敗から安定へと向かい、不安から安寧へと移行するのだ(48)。

人の心の奥深くには、隠れた声が叫んでいる。不安をかき消して、精神を落ち着かせてくれるような回答の待たれる、差し迫って来る疑問に満ちている。その疑問とは、世界は一体何なのか、そして人間とは何なのか？それら両者はどこから来たのか、そして誰が創り、差配しているのかということである。その目的や始めと終わりは、どうなるのか？生、死、死後の世界、この移ろいやすい生活の後に何があるというのか？それらは、永久とはどう関係するのか？これらの疑問に人は創られた日から攻められて、そしてその幕を閉じるのである。結局それらに明確な回答を与えるのは、宗教信仰においてのみなのである。信仰こそは、大きな存在のもつれを解き、それらの疑問に答えられる唯一の根拠なのである。そしてようやく、人の天分は喜悦し、胸をなでおろすこととなるのだ。(49)

人の天分には空白部分が初めからあるが、それを迷いや不安から逃れるために、何とか埋めようとするという。こうして人は、天賦の能力に基づいて現実以外を求めることとなり、そこに依拠すべき価値体系としての宗教信仰を必要とする必然性があるということになりそうだ。つまり人間が存在し生息することと信仰とは、本源的に不可分の一体であるというのである。

＊仏教の場合

ここで日本になじみ深い仏教学の碩学である、鈴木大拙（一九六六年没）の所説をみておきたい。その見解はあまりに前述のイスラームのそれに酷似しているのである。人はなぜ宗教を必要とするのか、その意味で信仰とは何かについて次のように巧みに述べている。以下の抜粋は読みやすくするために、現代文に著者（水谷）が書き改めたものである。

人が生きるということは、悩みに満ちた営みである。言い換えれば、存在すること自体が悩みなのである。その理由は、人は今の自分以外を求める能力が授けられているからである。それは理想かもしれないし、幻想と呼ばれるものかもしれない。いずれも現実とは異なる姿である。

もっと有名になりたい、豊かになりたい、美しくなりたい、勉学に秀でたいなどなど、人の願望あるいは欲望は尽きない。ところが他方では、それらはその時点では非現実であるから、現実との間に自然と差異があり、それが対立や矛盾ともなる。この矛盾が悩みの原因となる。

そこで人は必然的に悩む存在である。それを称して、人は試練を受けるともいえるし、あるいは人には業《ごう》があるとも言いうる。その試練は他者や周囲の環境との関係であるかもしれないし、あるいは自分自身の活動範囲に限られたものかもしれない。

この断えることのない深い悩みは、個別の解決策で対処するのは不可能である。なぜならば、この種の悩みは限りないからである。一つが済めば、次が出てくることとなる。だからそれは人の業なのである。

この本源的な悩みに対する解決策は一つしかない。それは矛盾自体を包摂しつつ、全体を受け入れる理解と信念を確立することにある。それは宗教により異なる表現がなされている。悟りを開く、救済される、あるいは安心立命を得るともいえる。無や空を覚知するともいえる。

具象的な説明としては、樹木は静かになろうとするが風やまず、そこで樹木も風も合せ受け入れるといった描写が飲み込みを少しは容易にするかもしれない。こうして人が宗教を必要とする理由は明らかである。誰であれ万人がそれを求める権利と能力が与えられているのである。そのように人は創られているのである。(50)

ここでいう「今の自分以外を求める能力」という論法は、すでにイスラーム学識者の論考にいう、「人間の与えられた天分には空白部分」がありそれを人は埋めようとするとの説明と酷似している。

＊キリスト教の場合

キリスト教では回心の場面が、教えを激しく求める姿として語られることが多い。宗教的な覚醒は深い罪の意識と連動しているが、その意識は即ち罪のない状態を想定して、それとの比較が行われているのである。そこでも人の想像が原動力になっていることは変わりないと言えるのだろう。

以下では二つの例の概略を見てみよう。初めには、日本のキリスト教者として先駆的な内村鑑三（一九三〇年没）の自伝である。(51)

彼は元来、日本における神々が矛盾含みな諸要求を出すことに納得行かず、戸惑いと不満を持っていた。しかしそれは通い始めた札幌農学校の先輩たちによって、半強制的にキリスト教入信の誓約書に署名させられることで、一気に終わることとなった。

神々が多種多様なことはしばしば甲の神の要求と乙の神の要求との矛盾をもたらした、そして悲愴なのは甲の神をも乙の神をも満足させなければならないときの良心的な者の苦境であった。かように多数を満足させ、宥《なだ》むべき神々があって、余は自然に気むずかしい物おじする子供であった。

契約に署名するよう余に強制した。どこか極端な禁酒論者が手に負えない酔っぱらいを説き伏せて禁酒誓約に署名させるやり方であった。余はついに屈服した。そしてそれに署名した。余はかような強制に屈服せずに踏みとどまるべきであったかどうか、しばしば自問自答する。余はわずか一六歳の一少年に過ぎなかった。

しかしその後は長年にわたる米国での活動も経て、キリスト信徒としての本髄を会得することとなった。

この人生はわれわれが如何にして天国に入るかを教えられる学校なり。この人生の最大の成功は、それゆえ、『貴重なる永遠的なる教訓』を学ぶにあり。

神の子（イエス）の贖《あがな》いの恩恵による罪からの救いである。それはこれ（余の小さな魂の救い）以上であるかも知れぬ、しかしこれ以下であることはできない。これが、それならば、基督教の真髄である。そして教皇、監督、牧師、その他の有用無用の付随物はそれの欠くべからざる部分ではない。そういうものとして、それは他の何物にもまさって有つ価値がある。いかなる真実の人もそれなしにやってゆくことはできない。そして平安はそれなしに彼のものであることはできない。

罪からの救いということが回心の大きな動機となったのは、イエズス会宣教師イグナチオ・デ・ロヨラ（一五五六年没）も同様であった。彼はその巡礼期の中で、世俗感覚と信仰生活の二股をふらついていた日々の様子も述べた後に、後者の信仰者としての姿勢を固めるに至ったとしている。

世俗的な事柄を夢中で考え続けている間は大きな快楽を味わったが、その考えに飽きて止めてしまうと、うらぶれた、空しさに満たされた。ところが、裸足でエルサレムに行き、野菜以外何も食べず、聖人たちがなしたことよりも、よりいっそう苛酷な苦行をなそうという想いに留まっている間、慰めを覚えるだけでなく、その考えを止めた後でさえも、心が満たされ、快活であり続けた。

過去の生活のために償《つぐな》いの苦行をすることがどんなに必要であるかを考えた。そこで、聖人たちに見倣いたいという熱望が沸き起こったが、具体的な事柄を考えないで、聖人たちがなしたように、自分もそうしようと、神の恩寵によって約束するだけであった。しかし、全快したらすぐに何よりも為そうと熱望したことは、前に述べたように、エルサレム巡礼であった。巡礼中、神の愛に燃え、寛大な勇気で実行したいと熱望するままに、より多くの鞭打ちや断食を自分もしようと決心した。

こうしてロヨラは世俗の騎士からキリストの騎士へと成長し、一六二二年には教皇によって列聖されるまでに至った。

＊科学的な立場

なお科学的な立場からも宗教の起源が探求されているが、まだ定説といったほどのものは出されていない。人類は想像力に基づいて、宗教を作った、そして信仰も生存競争の一端として、より有利な帰属すべき集団を選択する手立てに他ならなかったとされている。[53]

最近注目される報告があった。洞窟画など絵画の発達は霊長類には見られない能力であるが、その基本は言語能力だとしている。つまり言語機能が反復作用を担保してくれて、それが目に見える形状を画面に再構成することを可能にしてくれたという。[54]

絵画と同様に、宗教信仰は記され、あるいは儀礼やその用具が残されない限り痕跡は残さないが、やはり背景に言語機能による反復作用が働いていたと類推される。信仰の源泉としての人間の想像力の働きは、言うまでもなく言語機能が不可欠であると言えるだろう。しかしそれでも、このような推論だけで、宗教の起源を解明したとも言えない。そして一体誰が、なぜ人間に言語機能を授けたというのであろうか。こうなると右の推論により、謎は深まったということでもある。

ただし右の謎は、イスラームには生じてこないことを付言しておこう。というのは、イスラームの言語表現であるクルアーンはそもそも神（アッラー）自身の言葉であると位置付けられるからだ（つまりアッラーは、アラビア語でイスラームを降ろされたということ）。さらには、最初の預言者であったアーダム以降連綿と続く預言者全員に対するすべての啓示も、アッラーの言葉に他ならないということになる。ただそれらで残されたものは神の言葉として直接には記されず、預言者たちの言葉として教えが記述された点で、クルアーンと異なる。

こうして科学的な立場では、明晰な回答がないのにそれを支持するということであれば、その立場はそれ自身が別立ての信念であり、新たな疑似信仰であり、それは科学信仰に変身しているということにもなる。またそれは、差配した者を不問に付すのだから、全存在は偶然性に依拠しているという信仰と同義になってしまう。科学者はもちろんそう主張しているわけではなく、その偶然性さえもいずれ解明されると仮定しつつ、その実現を未来の希望につなげて考えるのであろう。

イ．信仰は人の半分

人は想像力を賦与されていて、それによって日々の予定を考え、あるいは願い、そして時に祈ることとなる。そうすることは好き嫌いの話ではなく、自然な営みということである。しかもそうすることは常態であるだけに、人の半分は想像であり、期待であり、信心で満たされていると描写できそうだ。

自分の半分が非現実の想像の世界にあるなどということは、誰が聞いても初めは耳を疑うことであろう。もちろん半分という言葉自体は、厳密に二分の一ということではない。現実と非現実の両世界に脚を置く格好を形容したまでである。希求する世界は空想世界でもあるが、それは人の不可分のもの、つまり人の半分はそこに身を置いているとも表現できるのである。それが宗教信仰であり、それが信仰生活である。更に言い換えれば、人は自然のうちにそのような仮想的現実の生活、すなわち信仰生活に入っているのであり、それは常態であるということにもなる。

そのような言い方や表現法に人が驚いたとしても、それはその人の意識の問題に過ぎない。いわば、半身は想像漬けになっているという事態は変わらないのである。どのようにその人の生息する世界を考えるか、そして自分の置かれた立場の全体をどう整理するかということであり、人の半分である空想に依拠する信仰生活をそうでない半分と一体のものとして見直すことができるかどうかがポイントなのである。推理を逞しくして、異なる世界の全体像を理解し、把握することはいつも大変興味深いものがある。時代の新旧や洋の東西を問わない。しかしまたそれは、常に容易でもない。そこで少し良い実例を見ることにしよう。

オランダ人歴史家で著名なヨハン・ホイジンハ(一九四五年没)にその好例を見てみよう。彼の主要な作品に、『中世の秋』[55]がある。そこでかれは、現代と比べると、一五世紀頃の中世西欧の社会では、人々は遥かに喜怒哀楽の仕切り線が明瞭な世界に住んでいたことを提示した。喜びも悲しみも、現代社会よりはるかに激しいのである。当時の人々がどれほど死の恐怖にさいなまされていたか、それだけにキリストとマリアが暖かい愛の具現であったかということも、理解が容易になる。こうしてこの書は、異なる世界観に生きる人たちの赤裸々な全貌を描いたという点で、その博学さと共に注目されるのである。全く耳目にしたことのない世界を、研究とそれをつなぐ推論によって明確に描き切ったのである。この作業はわれわれが、信仰は人間の半分であると言う際の手本となるだろう。

さらにホイジンハの大著に、『ホモ・ルーデンス（遊ぶ人）』がある。そのなかでかれは、人間は直接の利害関係から離れた「遊び」という日常生活の間奏曲を繰り返すことから、その中に文化を創造するという見解を提示した。また彼は言う。「こうして、人類は存在しているものに対する表現を、つまり第二の架空世界を、自然界のほかに創造している。[56]」ここで彼は神話の世界を語っているのではあるが、それはそのまま宗教に移行しうるものである。「第二の架空世界」は現実世界を説明するものとして、両者は不可分の一体をなしている。現代のわれわれも神話の内容は異なるとしても、想像力を発揮しつつ、両世界に共時的に生存しているという構造の中に置かれていることは変わりない。平和を願う気持ちは誰しも同じとして、その気持ちは自らの半分であり、それと一体のものになっているはずである。そのことは、直ちに理解されるだろう。

ウ. 信仰の功徳と人間復興

想像力によって「第二の架空世界」を構築し、われわれは不可避的に、半分はそこに生息しているという事態は把握できたものと思われる。ただし言葉の印象からして、「架空世界」というのはまるで存在もしない詐欺師かペテン師の技のように受け止められる恐れがあるかも知れない。もちろんそれは魔法の世界ではない。その検証のために、以下では信仰がもたらす、現実世界における功徳を改めて確認しておきたい。つまり実際の功徳はそれをもたらす世界が本当に在ることを、裏から証明するという論法である。

この点に関しては、一部は既にわれわれは見てきたところでもある。つまり芸術がその美によって人を惹きつけているとすれば、宗教の頂点にある魅力はそれが示す荘厳さと安寧の心境であると繰り返し述べた。それを多少ここでは敷衍すれば足りる。

信仰は自然であると同時に、それは激しく希求されるものでもあると言わなければならない。信心を得た人の姿は、至らぬ自分を反省し悔悟するものである。だがそれは諦めるといった沈んだ気持ちではなく、新たな活力の誕生なのである。心は晴れて、自分の所在は白日の下で赤裸々に明らかとなっているのである。それ以上でもそれ以下でもない。日々是好日であり、迷いや憂いが霧散して一段の高みに立っているので、生また楽しからんということになる。

さらには前に見たが、神学部学生用の教科書の類にある典型的な表現であるので、ここに再びイスラームにおける説明を著者（水谷）なりに摘記しておく。篤信の気迫は信者の口から出る言葉ではなく、体全体のオーラに出ているといわれる。

舌で言う言葉やただ天国を信じることだけではなく、それは心を満たす信条である。またそれは太陽の光が発散し、バラの香りが漂うように、外に溢れ出てくるものである。篤信が心に満たされ、その様が傍目にも分かるようになる。アッラーと預言者ムハンマドに対する愛情は強まり、それはその人の言動すべてに溢れ出てくることとなる。それは同時にアッラーに対する畏怖心であり、アッラーの偉大さ、荘厳さ、偉大さを知ることとなるのである。(57)

信仰は静けさであると同時に、激しさでもある。そこに偉大さ、美しさ、慈しみ、正義など、いわば人にとっての三大価値といわれる真善美のすべてが包含されていると心の髄に切り込むように鋭く感じ、納得させられ、そして感動するのである。さらにはそうすることで一層揺るぎない生きがいが感じられ、果ては死後の安全と幸福さえも可能になると感得できるからだ。つまり、救済されるのである。

さてこのような荘厳さの実体験や安寧の会得といった頂点を極めることができれば、それは幸福の至りであり、真に手放しで喜べることである。しかし本章の最後としては、信仰の呪縛からの解放には、より大きな視野で捉えるべき功徳があることを強調しておきたい。それこそは、人間復興とも呼びうる人類的な大きな幸せと言える。

いきなり人間復興などと言い出すと、一四～一五世紀のイタリアを中心としたルネサンスを思い起こすのが普通であろう。それは中世のキリスト教会の全き支配から逃れる文化的潮流であった。社会全体の神支配からの離脱であり、全てを人間レベルに落とすことで新たな気風を呼び起こしたのであった。本節で信仰解放を語るときには、今度は逆に科学を中心とした理性の全き支配からの離脱を目指すということになる。合理主義は工業化社会の要請と手を組んで、文字通り二人三脚で大きな歩みを見せてきた。しかしそれもようやく行き詰まりと疲れが見えてきたということになる。そして二一世紀以降は、ちょうど正反合という三段論法の最終段階に入るという図式でもある。

そこで信仰解放は二度目の人間復興であると結びたい。抑えられてきた信仰を解放することは、すなわち人の重要な半分に当たる感性の縦横な発露を可能にするものであってほしい。神頼みでもなければ、理性一点張りでもない。しかもそれは何時も、あちらを見たり、こちらを見たりという優柔不断な身構えでもない。一本の筋が通り、まっすぐな道を歩んでいるのである。

このようにただ口で言うよりは、その実践はもっと茨《いばら》の道である。これからの新時代を切り開くための苦悩とイニシアティブが求められるのである。周囲の人からは理解されなかったり、馬鹿にされたりするかもしれない。新たな時代を切り開くというのはそういうことの繰り返しであり、それらの一つ一つが乗り越えるべき関門なのである。そして西欧中世の一回目の人間復興と同様、自然なバランスの中で、それはいずれ人間の不可避のあり方、つまり常態として公認されることとなるのであろう。

【註】

（1）宗教と科学を巡っては、言うまでもなく膨大な出版物がある。『岩波講座宗教と科学』岩波書店、一九九二―一九九三年。河合隼雄他編集、全一〇巻＋別巻二巻など。また河合隼雄『宗教と科学の接点』は、一九八六年初版、二〇二一年に岩波現代文庫で復刻された。ただし信仰という立場からではなく、宗教に科学のメスを当てる立場から、結局のところ両者の対話は容易ではないとの分析結果が示されている。

（2）村上和雄「祈りは遺伝子を「活性化」する」、産経新聞、二〇一六年一月一一日付、「正論」。

（3）同記事冒頭。なおこのローマ教皇の言葉は、村上和雄『生命の暗号』の英訳本（*The Divine Code of Life, Switch on Your Genes*, Tokyo, 1997）に寄せられた推薦文の抜粋。
（4）山折哲雄『近代日本人の宗教意識』岩波書店、一九九六年。六〇―六九頁。
（5）荒川紘「日本文化における知と信と技―和歌と俳諧に読む」『科学と宗教―対立と融和のゆくえ』日本科学協会編、中央公論新社、二〇一八年。第一〇章、二三九頁。
（6）武富保「内村鑑三による科学とキリスト教」、同掲書、第一一章。
（7）法然の言葉「疑いながらも念仏すれば往生す」は、すでに信心を持った人への言葉である。神仏を求め、憧れる人の心が宗教の核心で、神仏の存在証明が先行するのではない。阿満利麿『人はなぜ宗教を必要とするか』ちくま新書一九九九年。一九〇～一九一頁。
（8）宗教のみならず、あらゆる芸術、芸能、武術、教育などの身心変容技法は、結局人の心の安寧を求めているという見解は、鎌田東二「信仰と身心変容」参照。拙著『信仰の滴』、国書刊行会、二〇二二年。第五章第三節参照。
（9）拙著『イスラームの精神生活―信仰の日々』日本サウディアラビア協会、二〇一三年。第三章「幸福と喜悦」、第四章「安寧」の二章参照。一一六～一六三頁。
（10）『クルアーン―やさしい和訳』水谷周監訳著、杉本恭一郎訳補完、国書刊行会、二〇二一年。第五版。本書のクルアーンの文言は、すべて同訳書より引用した。
（11）和辻哲郎『古寺巡礼』、岩波書店、第四八刷改定、一九七八年。第一〇～一一頁。

(12) 拙著『イスラーム信仰概論』明石書店、二〇一六年。
(13) 参考までだが、キリスト教の定義では、ヘブル書一一章一節「信仰とは、望んでいる事柄（キリスト）を確信し、見えない事実を確認すること」、仏教では、倶舎論四「信とは心を澄浄ならしむこと」などが見られるようだ。『仏教における信の問題』日本仏教学会編、平楽寺書店、一九六三年。四八頁他。
(14)『日訳　サヒーフ　ムスリム』日本ムスリム協会発行、一九八七年。第一巻、二八頁。
(15)『現代イスラームの徒然草』拙訳、編著、国書刊行会、二〇二〇年。八二頁。
(16) 同掲書、一三八―一三九頁。
(17) 同掲書、八二頁。ただし末尾部分を改訳。
(18) 信仰の個々の諸相を多岐に集めて提示する手法は、夙に見られた。例えば、ウィリアム・ジェイムズ『宗教的経験の諸相』岩波文庫、上下二巻、一九八二年。第八刷　原著の出版は、一九〇一〜一九〇二年。
(19) ウィルフレッド・キャントウエル・スミス『宗教の意味と終極』、国書刊行会、二〇二一年。二二七頁。
(20) 同掲書、二二八頁。
(21) 同掲書、二四〇頁。
(22) 同掲書、二四四頁。

（23）同掲書、二四八〜二四九頁。
（24）同掲書、二五八頁。
（25）同掲書、一五六頁。
（26）Carl Brockelmann, *Geschichte der arabischen Litteratur*, Leiden, Brill, 1898. その後、一九四〇年代を通じて多数の補遺が出された後、英訳が出された。*History of the Arabic Written Tradition*, Leiden, Brill, 2016-2018. オンライン版もある。
（27）多少の詳細を加えておく。第一にはクルアーンに言うディーンは通常宗教と訳されるが、その解釈は単純に宗教というに限られない。教えや判断という意味に解釈される場合も含まれる。「アッラーの下の宗教はイスラームである」と訳されている場合も、その点要注意だ。第二には、信仰の中でも外見でわかる部分をイスラームと称して、内心の部分はイーマーンと称される。つまり、イスラームもイーマーンも広狭いくつかの語義があるということになる。この当たりは著者のスミスも、統計表作成上は峻別していない。
（28）本項は、拙論「イスラーム学の新たな展望―「信仰緒論」研究の必要性―」を改めたもの。同論は、拙著『イスラーム信仰とその基礎概念』晃洋書房、二〇一五年。一七一―一九一頁所収。また「イスラーム信仰論の全容」と題して、講演する機会もあった。講演会全体のタイトルは、「イスラムおける信仰論〜全容と真髄」、日本イスラム協会主催、二〇一七年春季公開講演会、二〇一七年五月一三日、於東京大学文学部法文二号館。

(29) ガザーリー著『導きのはじめ』前野直樹訳注・解説、日本サウディアラビア協会、二〇二二年。中世のイスラーム手引き書として、貴重な邦語訳。また拙著としては、前掲書『イスラーム信仰概論』を夙に刊行した。
(30) Ibn Taymiya, *Kitab al-Iman*, Beirut, al-Maktaba al-Islamiyya, 1996.
(31) Muhammad NaimYasin, *al-Iman*, *Beirut*, Dar al-Itimad al-Thaqafi, n.d.
(32) Fahmi Huwaida, *al-Tadayyun al-Manqus*, Cairot, Dar al-Shuruq, 1994.
(33) al-Sayyid al-Sabiq, *al-Aqida al-Islamiyya*, Beirut, Dar al-Fikr, 1978. 七九頁。
(34) 拙著『イスラームの善と悪』平凡社新書、二〇一二年。
(35) Ibn Miskawayhi, *Tahdhib al-Akhlaq*, ed. by Muhammad Salman, Cairo, Dar Tayyba, 2010. 一四頁及び二五頁以下。
(36) Ibn Qayyim al-Jawziyya, *Jami al-Akhlaq*, Jadda, Dar al-Wafa, 2002. 4 vols.
(37) Abd al-Rahman Hasan Habnaka al-Maydani, *Al-Akhlaq al-Islamiyya wa Usulha*, Dimashq, Beirut: Dar al-Qalam, 1979, 2 vols.
(38) Marzuq b. Sunaytan b. Tunbak, *Mausuu at al-Qiyam wa Makarim al-Akhlaq al-Arabiyya wa al-Islamiyya*, Riyad, Dar al-Ruh, 2000.
(39) 拙著『イスラームの精神世界―信仰の日々』日本サウディアラビア協会、二〇一三年。
(40) Abu Hamid al-Ghazaali, *Kimiya al-Saada*, Cairo, Dar-al-Muqattam, 1900.

（41）Ibn Qayyim al-Jawziyya, *Miftah al-Saada,* Beirut, Al-Maktaba al-Asriyya, 2003.
（42）Aid al-Qarni, *La Tahzan,* Riyad, Maktabat al-Ubaikan. 2011. 28th print.　この書籍を主題として取り上げたのは、兼定愛「『ラー・タフザン』（悲しむなかれ）に見る伝統と革新が調和するクルアーン理解：現代人のフズン（悲しみ）を巡るイスラーム的テクストの分析」（慶應義塾大学大学院政策・メディア研究科博士論文）二〇二一年。
（43）『黄金期イスラームの徒然草』拙訳編、国書刊行会、二〇一九年。
（44）前掲書『現代イスラームの徒然草』拙訳編、国書刊行会、二〇二〇年。
（45）同掲書、「精神生活─頂点」七六─八六頁参照。
（46）Muhammad Husayn Haykal, *Fi Manzil al-Wahy,* Cairo, Dar al-Kutub al-Misriyya, 1938.。
（47）同掲書、九六頁。
（48）Yusuf al-Qaradaui, *Al-Iman wa al-Haya,* Beirut, Muassa al-Risala, 1991.　七七頁
（49）同掲書、八二頁。
（50）鈴木大拙『宗教の根本疑点について』大東出版社、二〇一〇年。新装第一版、七九─九三頁。
（51）内村鑑三『余は如何にして基督信徒となりし乎』岩波文庫、二〇一一年。第七五刷。ここの四カ所の引用は、一八頁、二二頁、一三八頁、二〇八頁。
（52）イグナチオ・デ・ロヨラ『ある巡礼者の物語　イグナチオ・デ・ロヨラ自叙伝』岩波文庫、二〇〇〇年。ここの二カ所の引用は、二六─二七頁、二八─二九頁。

(53) 科学的な立場からの詳細なまとめとして、中野毅「宗教の起源・再考─近年の進化生物学と脳科学の成果から」、『現代宗教二〇一四』現代宗教研究所、二〇一四年。二五一─二八五頁。
(54) 長内洋介「テクノロジーと人類─芸術誕生の謎」産経新聞、二〇二二年五月二八日。
(55) ヨハン・ホイジンハ『中世の秋』堀越孝一訳、中央公論社、一九七七年。
(56) ヨハン・ホイジンハ『ホモ・ルーデンス』高橋英夫訳、中央公論新社、二〇一四年。三二版。二三頁。
(57) al-Sayyid al-Sabiq, 前掲書、七九〜八一頁。

二、日本社会への訴え

今日現在という局面で切り出すと、果たして宗教心は再燃しているのかどうか、確言できない。両論が並立している。しかしそれを戦後の八〇年間という、より長期な座標軸で眺め直すと、その趨勢は浮き彫りになってくる。それは明らかに、位置を固める錨の喪失、すなわち宗教漂流の歴史であった。

こういった精神的な諸側面の把握は容易ではない。そもそも時代の全体像を把握すること自体に格別の困難さがある上に、同時代の特徴づけは一層手ごわいことを、改めて見ておきたい。その上で戦後日本の宗教状況を振り返り、さらに最近の「悲」の情景の拡大と、宗教信仰へ向けての迫りくる新たな社会的要請に関して論及する。この要請を一言で言うと、日本の戦後病と言うべき、宗教アレルギーの治癒である。

（一）空気の色は何色？

ア．時代の全体像

「空気の色は何色？」と問うと、無色と考えるのが普通である。しかし宇宙から見ると、「地球は青かった」ということになる。自分のいる所からは、どういった空気に取り囲まれているか、容易には判明できないものだ。それと同様に、自分の生きている時代の特徴といえば、ますますはっきりしないのが通常である。大半の場合それは、時間が経って歴史家が振り返ってみて、時代の特徴づけをすることで判明するのである。

その作業はいわば、見えている箇所だけをなぞってゆくと、三角形かも知れない。しかしその三点の周囲に見えない点がさらに五個あって、それも順序通りになぞってゆくと、今度はそれが八角形になっているかもしれないということである。この八角形が、その時代の本当の姿であり、同時代の人々にはそれが認識しにくいということになる(58)。

そこで、今われわれが生きているこの時代は、どのような時代といえるのだろうか。あまり日頃考えたこともないテーマかも知れないので、少し頭の体操のようになるが、いくつかの驚くべき事例を挙げて考えてみることにしたい。端的な例としては、有名な「コペルニクス的転回」というのがある。中世で支配的だった天動説を覆して地動説が唱えられたのである。現在では常識以下となったこの地動説は、当時は狂気の沙汰と思われたのであった。自らが置かれている状況の中から全体の動向を把握すること自体、どのように難しいことか―しかしどれほど興味が尽きないか―ということについて、四冊の古典的な研究書から確かめておきたい。

①アンリ・ピレンヌ著『ヨーロッパ世界の誕生[59]』

地中海を取り巻くローマ帝国は、北方からの蛮族の民族移動により、その繁栄を奪われたと見るのが普通であった。それが一昔前の中高等学校の世界史に出てくる定説でもあった。しかしそれを覆したのが、この『ヨーロッパ世界の誕生』である。そこでは、七世紀以来イスラーム勢力が地中海の南半分を支配するに及び、地中海貿易を牛耳ることとなったことで、ローマ帝国の衰亡をもたらしたというのである。

綿密な史料分析によって、この見解を明らかにしたのであった。実にイスラームの進出が世界の成り立ちを変えてしまったということなるのである。当然、当時のローマ帝国市民は誰一人として、そのような因果関係には気づいていなかっただろう。またかれらと、はるか後代のわれわれにとっても、それは大変なチャブ台返しとなった。

②ロナルド・ドーア著『江戸時代の教育[60]』

日本の教育はレベルも高いし、謹直な姿勢は国民性として世界でも自慢できると考えている人は、少なくないはずだ。日本の近代発展の上で教育の果たした役割は、言うまでもなく大きいものがあった。しかしそれは明治維新後の臣民教育というよりは、それ以前の江戸時代の教育に深く根差していたということが明らかにされた。

藩校における教育の実態や寺子屋や各地の塾などでの教化訓練のあり方を通して，江戸時代の教育がどれほど近代社会成立の基盤を準備したかを、綿密に跡付けた一書である。これも人の常識を覆すものであったし、それがイギリス人の日本史研究家によって解明されたことも、刊行当時は驚きの一端であった。

③鈴木大拙著『日本的霊性[61]』

日本は仏教を取り入れたが、それは鎌倉時代に浄土教と禅宗の発達をみることで、初めて国民に根付いたという見解である。それまでは別物と見られていた念仏と座禅によって日本人の宗教性が覚醒し、霊性が開花したという見解で、これは今ではすっかり定着している。それ以前は仏教といっても主として鎮護国家を目的とした支配者層のものだった。そして同書は、浄土教系と禅宗系の両派は、実は日本的霊性という視点からすると同根であるとした点で、全く目から鱗という類の新たな見解であった。

鈴木の本書執筆は一九四四年に始まり、敗戦後の日本を見越して、世界に精神文化で寄与するために日本の霊的な自覚を世界に示そうという意図であった由である。その遠大な構想は広くは日本の宗教信仰復興の意気込みにもつながり、著者（水谷）が大いに共鳴する理由でもある。

ちなみに鈴木の所説は、仏教の日本定着に関する逆説的で、革命的な見地であった。ただし現在はこれへの反論も出されているようで、全国にまたがる国分寺建設なども影響し、国家仏教もそれなりに広範な支持を集めて、日本人を宗教的に結集しつつあったとも主張されている。また同書における神道軽視に関しても、批判されている。

④エドワード・サイード『オリエンタリズム』(62)

本書こそは、目から鱗という実感をもって読んだ人が大半であろう。従来の諸学説や定説は、一体何だったのか、その全体像の謎解きをされてしまった感覚があるのだ。つまり、西欧が中東世界、あるいは広くは東洋を見て来た視座は、常に好奇心半分のいわゆる東洋趣味的な上から目線のものであったということを、膨大な資料、見聞、経験などに基づいて論じ尽くしたものである。パレスチナ人である筆者の、幼少以来の観察と分析の集積とも言える。

彼によると、「オリエント」とは西欧によって作られたイメージであり、人文科学や社会科学、そして芸術作品など広範な分野にまたがる、それはしばしば優越感や傲慢さや偏見と結びつき、さらにそれは潜在的にも政治性を強く持ち、欧米の植民地主義と不可分で一体のものであったということになる。

この視点は欧米のイスラーム学を支配していたことは言うまでもない。その意味で日本のイスラーム学も決してこの問題に、免疫であったわけではなかった。またこうした視点は広く研究者以外も含めて、世界の知的世界観に激震を走らせるものであった。そしていかにわれわれの価値観や世界認識が、基本的に欧米のそれに左右されているかという論証になっているから、ことは深刻でもある。

イ．希薄な宗教

さてここで話を元に戻そう。現代日本の特徴は、どのように描けるのだろうか。一つの側面として、その無宗教ぶりが挙げられるかもしれない。しかしそれについては後でも見るように、右から左まで議論百出が実情であり軽々には断言できない。確かに神社仏閣に詣でる人は多いし、祭りも盛んである。しかしそれは社会慣行であり、宗教とは思っていない人も少なくない云々、といった調子である。

他方、そのような大上段に構えた議論ではなく、普通に見て今の日本で宗教の影が薄いことについては大半の人に異存はないだろう。しかし周知であるだけに、その希薄な状態がどれほど社会の隅々まで広がっているかについて、わざわざその全貌を見渡している人はあまり多くないと思われる。そこで、社会の歪みが信仰という精神的な泉の乏しさに起因していると見られる日常茶飯事の諸事象を、八点に絞って列挙しておきたい。それらの諸点をつないでいくと、現代日本の空気の色が見えてくるだろうという狙いである。

①自殺大国

日本の自殺者数は年間二一、〇〇〇人を超えており（厚労省二〇二二年報告では）、人口一〇万人当たりでは先進七か諸国中最大となっている。また一〇代から三〇代にかけて第一位の死亡率を示しているのが、自殺である。最近は女性の数が増えており、豊かさの裏面の精神的な病が主因に上げられる。全般的には政府の自殺対策の効果も多少あったが、大規模災害や新型コロナ・ウイルス感染症問題によってさほどの現象は見せていない。早朝の通勤電車が人身事故のために長時間停車させられても、驚く人はもういない。それなのに宗教は何をどうしているのか、どうしようとしているのか。

国際的に見て自殺の少ない地域は、中東、北アフリカ、東南アジアのイスラーム諸国や、中米諸国である。他方、日本では腹切りや特攻隊の歴史があり、義理人情や愛国心の影で、命は軽く見られる傾向があったとも言えるのではないか。

②常に生きがいが大きなテーマになること

生きがいという課題が社会のトップを飾ることが少なくない。それをテーマにした小説なども人気がある。日本特有の人生は流れる水の如しという感覚からは、主体的な目的意識が希薄となる。ひいてはそれは、国家経営の基本方針も傷つけている。もちろん流れる水という見方が、仏教の刹那感から来ている面があるとしても、生きる指針がしっかり与えられていないのであれば、それはその宗教の一部しか見ていない曲解か、誤解とすべきだろう。仏教全体を踏まえれば、生きることへの意味が見えて来るはずである。

羅針盤がはっきりしなければ、目前の物的利益追求に日々明け暮れている生活スタイルが違和感なく続けられる。そして近視眼的で刹那的なパターンが横行する結果となる。卑下するのではないが、現代はそのような世相であることは否めないだろう[63]。

③人生の最後に近づいても千々に乱れる心

上記の生きがい問題と表裏一体ではあるが、死の床についてもまだ千々に心が乱れることは珍しくないようで、それは高齢化社会の進展とともにケアや癒し、そして看取りといった新規需要を喚起している。臨床宗教師という新たな用語と仕事も求められるようになった。平安期以降、阿弥陀如来の迎えを待って、死の病に伏した人は阿弥陀の像と結ばれている紐を手にして最後を迎えたという。この古来の日本の習慣は最早ほとんど見られないが、彼らの死に臨むときの覚悟は明確であったことであろう。

『死という最後の未来』において、しきりに自らは信仰を持たない立場を明らかにしていた石原慎太郎氏は、同時に熱心に長編の『現代語訳　法華経』を完成させている。彼の心の動きを巡っては、細かな研究が待たれるところである。(64)

④宗教学校での儀礼拒否

キリスト教系の学校や大学においてもミサは捧げられない場合が増えているそうだ。親たちがそれを拒否するためであり、学校経営上もそれを無下に扱うことができないでいる。仏教系の大学でも教授陣は社会的な発言に最大警戒していて、萎縮気味である。

イスラームのテロが国際場裏で問題になった時期には、日本社会では欧米と比較するとまだ寛容さが残されていた。しかしそれは、真の寛容性発揮というのではなかったと見るのが穏当である。保身のための客扱いであったと見る方が当たっているだろう。

⑤援助をしても国際場裏で感謝されないこと

最近ではウクライナ政府発表による支援国リストに日本が入っていないとして注目された。翌日には岸田総理自身がウクライナのゼレンスキー大統領に電話して、追加の支援策を伝えたとされ、数日後にはそのリストに日本も入ることとなった。総理がリスト掲載まで要請したとは報道されていないが、本当のところはどうであったのか。

従来日本の経済支援プロジェクトに全く日本の名前が出てないケースが目立ち、それが問題視された。最近は日本の国名と日章旗を合わせて記載した掲示板を人目に付くように設ける方針となっている。アンコールワットやボロブドゥールの史跡などで見た人も多いだろうが、あれはいかにも、という印象で品の良いものではない。

ポイントは日本人の心が伝わっているのかということである。日本の支援の大半は、反応であって固有の意思の表明ではない。物の提供が気持ちも伝えてくれるというお中元を届けるような感覚となり、それは裏から言えば感性も伴った人間的な共鳴度の低さとなる。楽器と同じく共鳴板がないと響かないが、それには精神的な素養と泉が必要となる。

⑥対話が苦手

相手の目を見ないで話をする風習が日本では珍しくないが、国際的には珍しい部類である。これも上記に連動するが、相手に対する気持ちが希薄なのである。それは日本人の説明下手にもつながっており、多くのビジネスチャンスを逃してきている。異質なものとの対話が不得手ということは、相手との共鳴度が低いということであり、思考が自己中心的であることも意味する。それは語学の問題では全くない。海外でも宴会場で黙ってニコニコしているのは日本人と相場が決まっている。

日本も国際化する中で、外国人労働者も増えるが、そのスムーズな受け入れ強化は国運を傾けた新時代の課題であることを考えると、海外での仕事と同様に国内でも相手の目を見て話す習慣とそのための思考様式の涵養は、喫緊の課題ということになる。

⑦道徳観念の弱まりと復興の努力

道徳教育は、戦前は修身と呼ばれる学科であったが、戦後はタブー視さえされる羽目となった。やはり忠臣愛国など、軍国主義のための教育の一端を担ったからであった。また著者が鮮明に記憶していることだが、八〇年代に「烏なぜ鳴くの、烏の勝手でしょ」という替え歌が流行ったことがあった。個人主義というか、都会の孤独の裏返しのようにも思えた。そしてこれが、戦後の道徳観念の曲がり角のように思えて、心に強い痛みを覚えたことがあった。

しかしようやくそれも限界を超えて、近年は小中学校の公教育に道徳の学科が新設された。(65) 既製の教科書もなく、専任の教師もいない中での再スタートとなった。著者はいくつかの教科書を書店や学校で見てみた。非常に工夫されてはいても、ほとんど社会マナーの部類といえそうだ。基本問題は、道徳の基盤は本来宗教の問題であるということだ。対人関係の道徳は処世術に過ぎず、それではすぐに息が切れる。そしてそれは自殺を拒むような、生き抜くための強い指針を植え付けるものとはならないだろう。(66)

⑧宗教的な称賛がないこと

大変な世の中において、逆に光り輝く行いが伝えられることがある。

二〇一八年、一人の子供が山中で両親と行き離れ、行方不明になった。多数の捜索隊が懸命の作業をしたが見つからない。そこで「スーパーボランティア」と呼ばれることとなる、高齢の奉仕家高畠春尾さんが登場し、ものの見事探し当てたというのである。そのコツは、子供の行動パターンは大体上の方に上りたがるので、捜索隊とは反対の方面を探したということであった。彼は自主的なボランティア活動に専念し、東日本大震災では東北へ、熊本大震災では九州へと全国的に、無報酬で奉仕しまくっているということである。ここではその詳細を問うのが目的ではない。そうではなく、このような刮目《かつもく》すべき業績に関して世の絶賛が寄せられても、宗教界からは特段の言葉が寄せられなかったということである。あるいはどこかにあったにしても、知られていない。こういう時こそ、宗教的な意味合いで称賛の気持ちが表明されてしかるべきであった。

同様なケースは、二〇一九年、アフガニスタンで銃殺された日本人医師の中村哲さんである。このケースについてもここで詳細を述べるのが目的ではない。同地に灌漑、開墾を実施して、多大な評価を得ていたことは当然であった。このような命を懸けての人道活動は、その精神において大いに宗教と相通じるところがある。しかし宗教界の言葉は聞かれなかったと思われる。

この最近の二例のいずれにおいても、宗教界の称賛がないということに関して、一般市民やメディアからは期待外れだという批判がなかったこと自体も残念であるし、それこそが宗教離れしてしまった日本列島の実態を露呈していると見られるのである。

（二）戦後日本の宗教アレルギー

ア．戦後の前半と後半

戦前は神道が国教として扱われていたことは言うまでもない。そのような過剰なまでの宗教の存在が、戦後は希薄なまでに一変してしまったのはなぜだろう。そこには当然、大きな原因があったはずである。そこで以下において、戦後の八〇年という長い時間を振り返るのだが、その前半と後半ではかなり世相は異なったものとなっていた。簡潔には、前半は拡大期であり、後半は縮小期と言える。

なお戦後を語るときに特記したいのは、バブル経済の崩壊を境目とすれば、現在三〇代前半より若い世代の人たちは、この後半期しか目にしたことがないということである。時間が経つのは、実に早い。戦後の前半期から生きて来た旧世代はこの八〇年を顧みる時、その社会の成り行きにどこか反りが合わない感覚を持っていることを、次世代の人たちに初めに知っておいてもらいたいと思う。敗戦後間もない頃の諸改革の初心がいつのまにか、汚れとねじれに染まり、本当にこれで終わってしまうのかという、期待外れという感覚である。それを念頭に、主として次世代に向けて戦後史を振り返ることとなる。

＊前半の世相

一九四五年一〇月、連合国軍最高司令官ダグラス・マッカーサーは当時の首相幣原喜重郎に対し、次の五点の改革の指令を出した。秘密警察の廃止、労働組合の結成奨励、婦人解放や学校教育の自由化、そして経済の民主化である。しかし同時にそれにとどまらず、連合国軍総司令部（ＧＨＱ）主導で現人神を頂点とする天皇制、大日本帝国陸海軍、そして国家神道の解体という戦前の国体の根幹を含めた、極めて広範な諸改革が断行されることとなった。独占的な巨大財閥、大土地所有制などの解体と、それに続く農地改革や小作制の廃止などが続いた。それらすべてを、新憲法という箱に納めたのであった。

今ここで当時の様子を特に若い人たちのために伝えるにしても、戦後の変動に関する社会科学的な書き物は市場に溢れているので、ここでは非常にミクロな観点として、著者個人の回顧から始めることとしよう。私的なタッチは、それなりに読む人にとっても、身近な感覚で新しい理解をもたらすのではないかと思う。

著者の生まれは「戦後」の一九四八年（昭和二三）であるので、戦前は未見である。しかし敗戦後三年目という当時は、まだまだ戦時中の傷跡が町中に満ちていた。生まれは京都の西陣なので、子供の頃より神社仏閣に遊ぶことも多く、例えば近くの北野天満宮もその中の一つであった。そこは菅原道真公を祀っており、歴史ある神社として今も市内の一大観光スポットである。縁日にお参りに行くと、参道には戦地から復員した傷痍軍人たちが、寄付金集めのために大勢いた。小さな箱を胸にして、参拝客を取り囲むように列をなしているので、何か恐ろしい印象だった。全身は白衣で、多くは片腕がないか、片足で、義足を付けていた。その様は戦争の悲惨さを、子供心にも十分伝えるものがあった。

この寸描が伝えようとしていることは、要するにまだまだ社会全体は戦時中の延長という調子であったということである。だから日々の世相により、そのまま戦争、敗戦、戦後という時代の変遷を身近に感じさせられる生活であった。小学校では「日本は、これからは民主主義の国になるのです、そしてスイスのような中立で平和な国になるのです。」と先生が教壇から説いていたことを鮮明に記憶している。毎日の給食も脱脂粉乳という粉ミルクを溶かしたものと固い乾パンであった。学校でご飯やコロッケが出るようになったのは、小学校高学年になってからであった。これで日本も良くなっていると実感したのは、やはり食べ物からだった。配給の米では明らかに不十分だったが、その違法行為を自らに厳しく戒めていた裁判官が餓死したという悲惨なニュースも流れて、子供心に寒いものが走った。(67)

街中では保健衛生がまだまだ良くなくて、疫病予防のために市内を低空飛行で薬を撒くセスナ機が飛び交う音も耳に残っている。今なら農薬のＤＤＴの市中散布など、飛沫を口にするかも知れずとんでもないことだろうが、そのような強硬策も問答無用とばかり強行される時代であった。しかしそれも空襲の爆音よりはまだましだと、多くの人は受け止めていたかもしれない。

そんな中、京都という非常に伝統文化の強いはずの土地においてさえ、毎年の宗教関連行事が下火となるのが実感されたことには、心寂しいものがあった。夏のお盆の頃には、伝統的な街中の地蔵祭りが暑気を飛ばしてくれて、そこには町民の勢いを感じさせるものがあった。しかしそれは目に見えて数を減らし、諸準備に必要なエネルギーはもっと直接的な商いに費やされ、それと共に町内会の結束や人間関係が希薄となっていったことは、肌感覚で感じ取れた。著者の生まれは平安時代以来の古寺であり、八月の半ば頃には、小学生の頃より棚経という檀家回りのために、朝早くから自転車で市内を走り回っていた。その関係で街中の路地を通って、生活の裏模様も自然と詳しく見る機会を得ていたのであった。

一方、いわゆる戦後のベビー・ブームの世代には若い頃の思い出の一つとして、多くのスターを輩出した西部劇(「ララミー牧場」、「拳銃無宿」など)や二〇年代米国の禁酒法時代に活躍したマフィヤ根絶のための連邦警察の活躍劇(「アンタッチャブル」)、あるいは第二次大戦における欧州戦線での米人軍曹を中心にした反ナチの戦争映画(「コンバット」)などの人気番組があるはずだ。これらのテレビ放映はすべて、米国の正義観を日本に植え付けるための対日政策の一環であったということは、著者自身も相当年齢がいってから知ることとなった。日

本全土へ向けた、米国流広報（洗脳）政策の徹底ぶりは生半可ではなかった。(68)

日本人論や日本文化論争も非常に盛んになっていた。その背景は、やはり大きな猛省ということである。日本人の心はまだ封建的ではないか、あるいは内と外の意識が強すぎるのではないか、といったような論点もあった。また日本文化の基底は恥意識であるが、欧米のそれは原罪意識であるといった占領政策のために実施された米国の文化人類学者の分析ももてはやされたのであった。こうしてアジア諸地域への軍事侵略を犯した戦前の大きな責任は、知識人や文化人にもあったという猛省が、彼らを突き動かした。

以上の変貌は大文化革命でもあったのは当然である。それは明治維新と同等の規模と震度と言えるだろう。そしてそれら両者に共通していたのは、新時代へのすがすがしい気運である。それは当時の著者自身がそうであったように、多くの小学生の間にも強いものがあった。国全体では相当焦りの気持ちもあったのだろうが、一人ひとりが何とかしなければならないという決意を固めていたのであった。

その中での新幹線の開通、東京オリンピックの成功、やがて高度経済成長を経て、国際的には政府開発援助（ＯＤＡ）は世界第一位に上り詰め、どこから見ても満額回答の時代となっていた。それは一人ひとりの国民の汗と涙の結晶と映り、同時にそれは歓びであり、誇りでもあった。遡るが、一九五七年にはトヨタ自動車から戦後初の国民車「コロナ」が発売となり、その大きな宣伝写真が新聞に掲載されているのを見たときは、小躍りして、いよいよ日本の復興は本物だと涙の出る思いであったこともよく記憶している。池田勇人首相が、一九六〇年に国会の壇上で大声を上げて、国民所得倍増計画をぶった情景は新聞紙面を飾り、それを少年であった著者はまじまじと見つめ直していた。こんな絵空事は、どうせ政治家の宣伝文句に過ぎないと思いつつ。それが現実のものとなったのは、まさしく眉唾《まゆつば》であった。

以上の実体験を通したものは、小さな窓から見た戦後の模様である、国や社会全体の観点から言えば、多くの記録や文献にあるように多様な変革が記録されている。その基本は、軍事占領をしているGHQからの指令のよるものであった。ただし民主化への流れは大正時代からあったので、それが底流となってGHQが要求する新時代への身代わりが順調であった面も否定はできないようだ。そして何よりも、軍国主義から平和主義への大転換こそは、全国民上げての総意であり熱望するところであった。こうして日本占領というよりは世直しの大合唱となったが、連合軍の徹底ぶりは多くの人が「敵ながら、天晴れ」と思ったであろう。

「前半」の時期に続いて次に進む前に、宗教動向として特筆しておかなければならないのは、いわゆる新宗教の成長であった[69]。

多くは神道や仏教に基礎を持ちつつも、新たな教団として結成された。早くは明治初期以来の基盤を持つものもあったが、戦後前半の経済復興期に躍進した。それらが仏教系の創価学会（三〇年創立）や霊友会（三〇年発会）であり、神道系のひとのみち教団（一六年立教、四六年ＰＬ教団と改名）や世界救世教（三五年立教）や生長の家（三〇年創設）などである。それらからの分派も少なくなかった。立正交成会（三八年創設、六〇年に立正佼成会と改名）、妙智会教団（五〇年創立）、円応教（四八年設立）、解脱会（二九年設立）、善隣教（五二年設立）などが、次々と強勢を伸ばした。こういった情勢を称して、「神々のラッシュアワー」とも評されるほどであった。

それは急速な都市化の中で、出身地方との連繫が取りにくくなった都市労働者の精神的需要を満たすことが、大きな背景となっていたとも見られる。だから都市化は世俗化を進めるので、宗教の弱体化に導くとするのは、ここでは当たらないということになる。これらの新宗教は押しなべて、世直し、心なおしなどの意識がつよく、貧困、病気、紛争を治めるという現世利益であり、来世ではなく現世における救済欲求も盛んであった。組織化は進み、また指導者崇拝の傾向も顕著であった。

＊「戦後」の後半

山を登るのに比較すると転げ落ちるのは、容易であり早かった。大きな曲がり角は、一九九〇年当初に到来した。まずは膨れ上がる期待値は過剰な投資を招き、実需を伴わないバブル現象を引き起こしたが、それがもろくも崩壊したのである。膨らませすぎた風船が突然破裂した。経済と社会全体は大きな転換を強いられた。過剰の融資を続けることを許していた大蔵省は解体され、財務省と金融庁に二分された。社会の風潮は萎縮して、いわゆるデフレの時代が始まることとなった。

面白い経験は、時代の変化というものは、人心を直ちには急変させないものだということである。前半期の大筋は既に見た通りである。その勢いと潮流はまだ消滅しないで、再び息を吹き返す、あるいは吹き返してほしいという願い半分が現実のように思える事態がしばらくは続くのである。だからバブル直後の当初は、成長の夢よ、もう一度と願う人が大半であった。

その夢は、歴史に残されるものであったことは間違いない。平和と繁栄は、国民一体となれる目標であり、それは何も議論を必要としなかった。しゃにむに働くしかなかった。前述の通り、東京オリンピックを成功裏に開催することができて、国民所得倍増計画も実現され、やがて気が付くとその経済力は世界第二位になっていた。終戦まもなくは世界銀行の融資を受けた日本であったが、今やその政府開発援助（ＯＤＡ）は世界最大にもなった。

世界の面積の〇・二五％しかない国土と世界人口の三％（当時五〇億人とする）という非力から、それは真に短時間で実現できた奇跡に近かった。日本製品は壊れやすい安物から、世界最高水準の技術の象徴ともなった。このような夢の実現は、一九七〇年代に襲った石油危機も省エネの努力により乗り越えることを可能とした。それほどまでに日本社会と経済は、強靭性を発揮することができたのであった。それは日本人の誇りともなった。

ところが一つコーナーを曲がると、そこの風景が様変わりしていた。社会の勢いもそれ行けどんどんという時代から、足元を見直して、身の丈に正直な清貧の思想といった人生観がもてはやされる時代へと推移した。(70) ニューヨークの名所であったロックフェラー・センターやカリフォルニアのハリウッドまでも含めて、米国を買い占めるかという勢いのあった日本の大企業にも、縮み思考が染みついていった。

以上は、戦後前半への回顧しか語っていない。そう、要するに後半期は前半期の高度成長への郷愁と懐古の時代でしかなかったということである。それは後半期しか目にしたことのない若い人たちには何とも遺憾ながら、それが事実であり致し方ない。もちろん後半期にはデジタル技術の大躍進による情報革命や医療など多数の分野の科学的な進歩も実現された。そういった技術・機械的な現象ではなく、後半期の喪失感の根源は、前半期に見られた社会全体の総力として推進力を発揮する目標が見えなくなったということである。

二〇一〇年頃、盛んに聞かれた表現は「失われた二〇年」ということで、バブル崩壊以降の不毛さを嘆く言葉であった。さらにそれ以降、つまり二〇一〇年頃以降も含めて、最近は

「失われた三〇年」といった表現も聞かれるようになってきている。それほどに幻滅感は継続されていて、新規の展望が開かれていないということになる。

次いで襲ってきたのが、大津波の発生と原発の瓦解であり、新型コロナ・ウイルス感染症対策の問題やロシアのウクライナ侵攻に端を発するエネルギーや食糧といった世界的諸問題である。これで一気に「戦後」前半の夢をもう一度といった幻想を持つ人もいなくなり、ますます足元を見直しつつ自らの将来像を模索する段階に入っている。

そして前半期には現世利益を目指した宗派の「ラッシュ・アワー」が目立ったが、この後半期にはいわば来世を策定する発想の教えが強くなった。それらが真如苑（五三年法人設立）、オウム真理教（八七年設立、九六年法人格喪失、〇〇年破産）、統一教会（六一年法人設立、一五年改名して世界平和統一家族連合）、阿含宗（三八年立宗）であり、幸福の科学（八六年設立）などである。これらを一まとめにするのは難しい面もあるだろうが、いずれにしてもそれらには、「新新宗教」という総称も与えられるほどの数に膨れ上がった。ただどれをとっても、戦後後半期の末の現時点では、一時の教勢は見られない。[71]

イ．百家争鳴の現状

現代日本における宗教状況に関しては、実にさまざまな議論が行われている。またそもそも日本では、神道と仏教を基盤とする不分明な日本的宗教共同体と言うべき実態が基本にあるので、それらの混在のため白黒が付きにくい体質でもある。あるいは、日本人の宗教意識として、戦前に国家の祭祀を行う神社の神道は宗教の枠外扱いされたので（神道非宗教論）、未だに神社詣では社会慣行であり、宗教儀礼とは考えていない人が多い。そのような感覚は、葬送仏教にも当てはまる。そこで実際は宗教行動を取っていても、自分は「無宗教」だと考える人が大変多いということになる。(72)

他方、戦後の前半に見られた「神々のラッシュアワー」から、後半期の新新宗教の成長の背景には、日本社会の都市化や、第一次産業から第三次産業への労働力移動といった社会経済構造の変化も大きな背景となっていたとされる。その間における女性の社会進出の進展があり、それが婦人活動として新新宗教の興隆を後押ししていた。(73)

事態がそれほど鮮明でない上に、現在進行中の状況でもあり、日本の宗教事情に関しては右から左まで出揃っており、端的に言って、百家争鳴と言えそうだ。さらにはこの数十年を振り返っても、経済が低迷すると宗教現象の高まりを見る傾向が指摘される。七〇年代の二度にわたる石油危機の折には、多数の超自然的なオカルト集団が登場したし、また九〇年代のバブル崩壊後も類似の指摘がされる。この点今現在は、長期デフレからの脱却過程にあるという不透明な局面にあり、経済の見通しもはっきりしないので、それだけ宗教事情も際立った動きは見せていないということになるのだろう。

そんな中、昨今注目されてきたのは、スピリチュアリティー（霊性）興隆の指摘である。新宗教や新新宗教に関しては短い言及に留めたが、スピリチュアリティーについては状況がより複雑で多岐にわたることもあるので、少々アンバランスだが、敢えてここで詳しく見ておくこととしたい(74)。

伝統的な宗教の陰りが一つの大きな背景にあるが、同時により広くは伝統文化の瓦解も加勢している。当初は個人主義的でヒッピー的な反抗精神が息づく中で、この動向は産声を上げた。スピリチュアルだが、宗教的ではないと言われた時期である。世界的には六〇年代以降のものであるが、その後も増幅した。

日本では一九七三年の石油危機を契機として、オカルト・ブームが到来し、霊能者、心霊写真、スプーンを曲げる超能力者などで騒がれた。八〇年代に入ると、従来の暴力と権力よりは平和と愛を求めるとするニュー・エイジの到来とされて、心身の健康、自然とエコロジー、神秘主義などがもてはやされた。それらの総称としては、新霊性主義の用語も使用された。

その後はスピリチュアル・ケアとして医療や心理学の参入が顕著となった。仏教心理学なども登場して、瞑想の心理学的研究も進められた。さらには、死に行く人や亡き人への思いも重視される。宗教者によるスピリチュアル・ケアの進捗や伝統宗教への個人的な回帰が進むと、それは右の新霊性主義よりも内容が拡張されることとなった。

一九九五年のオウム真理教地下鉄サリン事件は、宗教に極めて悪いイメージを与えることとなり、それが宗教ではなく、スピリチュアリティーという用語を使用する一つの背景ともなった。その後の大きな進展は、二〇〇六年以降である。江原啓之がイギリスでホスピス・ケアを学んで、日本におけるスピリチュアル・カウンセラーの業務を開始したことに始まる。彼は輪廻思想とも言える発想から、祖先のものだけではなく、自分自身の前世における霊を守護霊とする教えを広めた。それで自分を鼓舞するということになり、困った人々への支えを提供したので、それがスピリチュアル・ブームとなったのである。

この成功を見たので、多数の霊能者が登場することとなり、それはマスメディアで大きく取り上げられた。霊的な商品開発や霊感商法は、相当なスピリチュアル市場を開拓することができた。しかしそれも不当に世の中を騒がせるものとして、批判の声が高まって、二〇〇七年以降は、一応下火となった。

ここで振り返って押さえておきたいのは、スピリチュアリティーという概念は、非常に大きく内容が変遷し、また当然その適用範囲は極めて裾野の広いものになっているということだ。当初は若い世代が主体であっても、昨今はたとえば高齢者の癒しなどもあり、具体的にはどの範囲をスピリチュアリティー問題に入れるかという定義次第という面もある。例示的に出される関連の用語としては、魂、霊性、宇宙意識、心と体の変容、気付きの体験、アニミズム、自然との霊の触れ合い、気功、癒し、セラピー、臨死体験、エコロジーなどなどが、登場してくる。

こうなるとそれは、ほとんど「空気は何色？」というのに近いという印象である。つまり何であれ、精神的な諸問題が関連してくるということになる。そのような無定形な実態を研究してまとめて把握するという一群の研究者たちの気迫と学的研鑽はただ事ではなく、鬼気迫るものを感じさせるのである。

なおスピリチュアリティーの参画者たちに総じて見られる伝統的な宗教のあり方に対する抵抗感の主要点としては、次の通りである。集団的な帰属、規範、権威が強調されること、超人的な指導者や一個人に従うこと、他の宗教や思想を排斥する傾向が強いことなどである。他方では、宗教にはスピリチュアリティーがあり、またスピリチュアリティーには宗教性がある、ともされるので、境界線はあくまで暫定的で流動的である。

スピリチュアリティー現象は幅の広い思潮であるが、全般には自己変容に関心があり、旧来の救済観念には迂遠である。またそれは宗教の枠を超えて、いのちを尊ぶ発想も持つことが多い。一方では、教団側の狭さに対する失望は、教団の内外関係者からも出されている。

ところがその教団の伝統的なあり方の中に、固有のスピリチュアリティーの息づいていることを報告するケースも見られるから、事態は複雑で輻輳している。

スピリチュアリティーという用語が使用されているが、未だにその和訳語は定着していない。霊性や宗教性などであろうが、まだ訳語が定まらないということは、日本語によるその実態的な内容の把握も最終的には定まっていない事情を反映していると見られる。だからどうということではない。時間を掛けることは悪くない。しかし要は、霊的な悩みを持つ多くの人たちの一助となる日がそれだけ遠くなるか、あるいは効果減少の恐れを持つこととなるのである。

実践的な意味で、定義や訳語を問題視しているということである。実態としてのスピリチュアリティー問題として把握される諸課題や諸手法が、伝統的教団に満たされない人たちの精神の拠り所となるかどうかが問題である。それが伝統的な救済でなくても自己変革でもよい。再度、商業ベースの事業家にお株を奪われることもないとは思われるが、そういった過去の経緯も精神的に必要とする患者のためには忘れられない。他方、個々人のベースでは結局、癒しや看取りの現場になり、そこでは英語の名称は問題にならずじまいであり、日本語の世界であろうから、これ以上は杞憂かもしれない。

ただし右に取り上げたスピリチュアリティーの興隆を、現代日本における宗教熱の再来のようにとらえることを正面から否定する人たちもいなくはない。それは都市化と非宗教的な教育の二本柱を中軸として、宗教からの離脱が進み、結局は宗教の弱体化をもたらすとの観点（世俗化理論）である。従って現代日本の宗教離れは決定的であり、研究者らが提唱するスピリチュアリティーの興隆の見解や、例えば四国巡礼の流行をもって宗教熱の再来とは言えないと、強烈に否定するのである。その題目は、アカデミックな論文としては感情的で強烈なものである。「世俗化理論よ、安らかに眠れ？　馬鹿げている！　現代日本における神離れのラッシュアワーと宗教の衰え」というのである。

ところがその主張は、スピリチュアリティーが非常に商業利用された時点の動向を主として取り上げて、そのイベント（スピコン）の数が減少しているような現象に注目している。またオウム真理教地下鉄サリン事件後は宗教への嫌悪感が増大したので、それを回避するためにスピリチュアリティーの言葉が宗教の代用として用いられたとの見方を特筆して詳述している。四国巡礼についても、宗教信仰よりは観光の要素が強いという情報に比重を置いている。

つまりスピリチュアリティーの興隆として議論される事態の豊富な研究や情報と、世界に跨る広範な進展を十分公平に踏まえていないのである。それだけ事態の拡張が急速であるとも言えるが、いずれにしても一部の事象で全体を論じているこの主張には、無理があると思わざるを得ない(75)。

ウ．根の深い宗教アレルギー

今現在の日本の宗教に焦点を絞ると、干潮なのか満潮なのか、両論があってあまりはっきりしないという結果であった。それはいわば、刻々動く地震計の針を睨んでいる印象である。そこで針の細かな振動ではなく、その計器が置かれている土台、言い換えれば日本の宗教の成育する土壌全体を眺め直すことに意味がありそうだ。

振り返ると明治維新の時には新たな国民統合の支柱として、神道にその思想上の役割を担わせるという政府方針ために、それまで徳川幕府に重用されてきた仏教を抑圧しようとした。この神仏分離の政府方針はさらに激化して、廃仏毀釈という反仏教の運動が起こされた。それにより多数の寺院や仏跡が襲撃された。貴重な仏像も野原の雨風にさらされることとなった。そこでそれまでに何世紀もまんじりともせずに表舞台への好機を待っていた神道が、ここぞとばかり国家神道の道を辿ることとなった。

ところが敗戦を経て、日本の軍国主義政策は破綻をきたし、すべてがゼロの振り出しに戻ることとなった。ただし宗教はゼロの振り出しというよりは、遥かそれ以前のマイナスの地点に立ち戻ることとなった。なぜならば、「仏も神も助けてくれなかった」という実感が広く強く国民間にはびこっていたからである。それは要するに、もうたくさんだという、宗教に対する不信感、嫌悪感、忌避の反応であり、関係したくないというアレルギー現象である。国家神道という宗教過剰の状態からその希薄な状態への急激な凋落をもたらした根っこにある原因は、恐らくこの宗教アレルギーであろう。政教分離というGHQの指令を何の異論もなく受け入れた素地となり、またそれが、現在も宗教の希薄さの底流にあると見られるのである。

アレルギー症状ということは、社会の各方面で宗教はつまはじきにされ、その疎外化にも繋がった。宗教信仰を持つ人は心が弱いか病んでいる人だという感覚である。差別的な視線を浴びせてもおかしくなく、今で言うとLGBT（同性愛者、両性愛者、性別越境者など）の人たちに向けられがちな冷たい視線に似ていると言えばわかりやすいのかもしれない。このような症状が、全国を覆ったのである。

それに対して国民文化として横溢したのは、物欲の横行と偏重、道徳の衰え、自殺の多発などがあった。全体でいえば明治維新は欧州を目標としたが、戦後は米国を目標とした。経済復興の旗振りの下で追いつき追い越せのシナリオを、明治維新よりも偏頗な形で急速に実行する羽目になったのだ。軍人や兵隊は、企業戦士として生まれ変わることとなった。

（二）戦後日本の宗教アレルギー

宗教に関する政策的な措置としては、まず制度的に政教分離の徹底が図られた。公立学校での宗教教育の禁止、宗教活動への公費の支出禁止などが憲法にも盛り込まれた。この方針はもちろんGHQ主導で推進されたことは他の諸分野と同じであったが、異なっていたのは、相当程度に宗教に対してはすでに国民的な反発、忌避、嫌悪感が先行していたという事実であった。この宗教アレルギーの下で、政教分離はほとんど国民的な議論や、まして異論もなく、むしろ当然であり、新生日本の自然なあり方として受け止められたものでもあった。大日本帝国陸海軍の解体と同列の話しとも言えよう。

戦後を通じて宗教信仰が低空飛行を続けたことは、日本人に精神面の悩みがなく、また精神の迷走を食い止めたいという、人間として自然な要求が弱かったというわけではなかった。多くの宗派の活動は存続したし、新宗教、あるいは新新宗教については既に言及した。しかし顕著な事例として挙げると、全国の寺院数は、九〇年代初頭には約八万を数えていたのが、住職居住の寺院数は今やほぼその半数にも上るという。

また従来の救済宗教と生産効率だけの合理主義の間を縫うように、もっと個人の立場からの魂の落ち着きどころを探る兆候もしきりに観察された。それは総称として、スピリチュアルな文化とも呼ばれた。国内の巡礼が一時は流行したこともあった。

だがそれらは戦後八十年も過ぎた今日、いずれも日本を覆う勢いを示しているわけではない。語感は良くないが、はやりすたりの面があり、泡沫感はぬぐえない。スロー・ライフの掛け声は掛け声に終わり、相変わらず生産効率一本槍以外の指針はなく、それさえも内外の諸困難を前に十分の活発さを取り戻していない。精神的にも深刻なデフレであり、不景気が続いていると形容できよう。

疎外された立場からは、広く大衆を惹きつける運動は期待しがたいものだ。宗教信仰を持っているというと、職場でも口外はしない、あるいは両親にも知らせたくないなど、どうしても肩身が狭い感覚に縛られる。恥ずかしいか、何か悪びれているケースさえ見かける。変に見られたくないのである。こういった社会全般の宗教アレルギーの状況こそが、「戦後」日本の諸宗教を覆う国民文化の基調となっているというべきなのではないだろうか。

確かに特定の宗教が排斥された事例は、世界にも日本にも多数見られてきた。しかし宗教全般が、嫌悪され拒まれるといった状況は、かつての共産圏を除けば、よほど例外的である。それが敗戦後日本の「空気の色」であり、それは世界史的にも日本史上でも、戦後日本社会の特殊性ということになる。つまり全員がどっぷりつかっている現代日本の現状を当然で自然、そして世界的にも当たり前だと誤解してはならないということである。

このような顛末を言い換えると、次のようにも表現できる。敗戦後日本の最大の課題は、貧しさからの脱却であった。同時にそれは戦前に犯した様々な過ちに対する反省も踏まえてはいた。しかしその間、こころの問題は長く棚上げされざるを得なかった。ただしそれも、戦前の国家神道という強制的な思想状況に対する反省や直感的な反発を踏まえたものでもあった。こうして宗教的に混迷であり漂流の時代となり、総じて精神的にはすさんだ時代になってしまったと言って差し支えないだろう。

歴史の変転と因果関係には、不思議な面がある。戦前の国家神道が敗戦につながり、それは大きな負の遺産となった。ところがそれに対する嫌悪感が宗教アレルギーとなり、今度はそれ自体が新たな負の遺産になっているのである。以上が好むと好まざるにかかわらず、戦後史のたどり着いた現段階である。これに直ちに同意されるだろう戦後の前半期から生きて来た旧世代の方々には、根の深いこの時代の底流を改めて問題意識として結晶させていただきたいのである。そして次世代には、それを世界でも稀な警鐘として、継承してほしいのである。これは語呂合わせの遊びではない。

エ．宗教の低調さの主要原因

日本は無宗教であると、しばしば言われて久しい。外国の入国カードに宗教欄があり、何と書くか戸惑う人が大半であるほどに、宗教への意識は薄くなった。他方、戦後も幾多の宗教諸派が新たに興されてきたし、癒しを求める動きも少なくないので、いわば魂があちらこちらと徘徊し、蠢《うごめ》いていることが実感される。

ここで今一度確認のために、宗教信仰が希薄となり、低空飛行をしている原因を三点にまとめておきたい。

第一は、戦前の軍国主義に諸宗教が協力してしまったということである。「神や仏に随分仕えてきたのに、何もしてくれなかった。」という失望感や、嫌悪感が全国に広まった。それには多数の若者を前線に送らねばならなかった遺族の実感も背景にあった。宗教アレルギーは、国民病であった。

第二は、戦前の宗教政策は、国家権力による強制の面が強かった。そこへGHQの政教分離政策が、徹底して実施されたのだ。その頂点は、憲法による公立学校における宗教教育の禁止と、公費の宗教活動への支出禁止である。この新政策を日本国民は、ほとんど抵抗なく受け入れた。それは宗教のあり方に新たな垣根を設ける囲い込みを正当化し、法制化することになった。またそれは戦前の宗教に対する過剰な介入政策から、今度は突き放すような離縁・絶縁政策への突然の梯子《はしご》外しとなった。

以上の二点に加え、次の第三点は宗教界自身が悄然としてしまったという、余り指摘されていない側面がある。本書の第三章において、宗教界のあり方を取り上げるが、ここではその委縮振りだけを指摘しておきたい。

あまりに社会的な疎外にあって、宗教界はすっかり意気消沈してしまったということである。確かに平和運動に参加するし、例えば二〇一五年の集団的自衛権を是認する安保諸法制については反対、ないしは慎重論を浮上させたケースはあった。しかしそれは珍しい事例として注目された。

一般的には政治社会の動向に対しては、静かにやり過ごすのが穏当な対応と思われている。そして冠婚葬祭などの儀礼に、粛々と従事するのが宗教者のあり方のようにさえ見られるようになった。しかしそれは、政教分離の行きすぎた裏面であり、宗教関係者が社会・政治参画を自粛することは憲法上も求められていないのである。やはり国民的な反発の感情を忖度してのことであろう。宗教界は自信を失ったとも言えそうだ。(76)

以上戦後日本の宗教離れの原因について触れたが、当然近現代社会の発展の基盤である科学が宗教と対立的な立場をとることが多かった―あるいは対立するものとして見られた―という、世界的な状況も背景にあった。戦後の日本社会とは、そういった諸条件の中に置かれた独特で特殊な歴史の一局面、ないしは一段階ということになる。その中で、日本はいわば世界水準を遥かに超える速度と深度で、経済復興だけに邁進することとなったのであった。

㈢ 悲の拡大

仏教では人は生老病死の四つの苦に悩み、その精神的な克服が修行の課題として設定される。キリスト教では人は原罪を背負って生きる存在として規定され、その贖罪が一生の仕事となる。イスラームでは人は試練を受けるために創造された以上、最大の尽力でその試練に立ち向かうしかないのである。「悲しむなかれ」という言葉はクルアーンにおいて繰り返され、またその言葉をタイトルに掲げた大部の本がアラビア語で出版されたが、それは世界で三〇ヶ国語に訳されて、約一〇〇〇万部のベストセラーになったことは前述した。

何と、世界の人類は、悲しさに満ち満ちてその行路を歩んで、今日に至っているのである。わが国日本も、悲惨な目に会うことでは、多くの国に負けてはいない。悲哀の大国である。何といっても、地震、津波、台風、洪水、土砂崩れ、火山爆発といった大規模な自然災害がある。他の国にあって日本でなさそうなのは、砂漠の乾燥とシベリアやカリフォルニアにあるような大規模な山火事くらいであろう。

最近は、このような「悲」の出来事が増えているようだ。また「悲」の視点からの日本文化全体の見直しも進行中である。こうして昨今の「悲」の増大も、宗教アレルギーと並び立つもう一つの大きな潮流と位置付けられる。

他方、それら一連の悲惨さを思い返してみると、いずこにも何がしか心温まる場面が用意されていたようにも思われる。それが「悲」への癒しとなっているのであろう。またそれらの心温まる場面が、長年経っても鮮明に記憶されているということは、人はそれを常に必要として、自然と探し求めている証左でもあると思えてくるのである。

＊阪神・淡路大震災

一九九五年一月一七日の阪神・淡路大震災は、当初はその深刻さに政府も気が付かないくらいに、人々はまたかといった調子で聞き流していたようだ。著者は偶然に海外旅行中であったので、旅行先のテレビのニュースで見たのがはじめてであった。しかしそれは既に相当編集された画像であり、信じられないようなシーンではあっても、直接的な強いインパクトはなかった覚えがある。日本のことがトップニュースに登場することはあまりないこともあり、最初はどこの国のことかといった印象であった。しかし帰国直後には、まだ煙の立ち上る近くを読経して回る僧侶の一団の姿が、紙面などから飛び込んできて、目と心に焼き付いてきた。こういう形で仏教僧の役割が果たせるのか、というのが、素直に受けた感銘であった。

＊東日本大震災

二〇一一年三月一一日の東日本大震災は地震、津波、そして原子炉のメルトダウンによる放射線被害という三重苦を味わう結果となった。被災者の数や多数の住宅や公共施設への被害状況に関しては、詳細が判明するにつれて、一〇年たってもまだ広がりつつあるようだ。ただし全国、そして世界の諸国からの支援や見舞いの品々、そして暖かいメッセージが寄せられた。その規模も前例を見ないほどだったことは、何がしかこの悲しさを慰めるものがあった。

著者自身も多少の寄付や宮城県での諸宗教による合同慰霊祭への出席とそこでのクルアーンの読誦などが出番となった。またある湾岸のアラブ産油国駐日大使から助言を求められて、何といってもタンカーに原油を一杯に満載して迅速に日本に届ければ、インパクトのある支援になると提案した。そうしたらその案はそのまま直ちに本国が了承して実行に移された。そして数週間後には東京湾に巨大タンカーが三隻揃って姿を現したということもあった。写真と共に、新聞の紙面を飾ったことは言うまでもない。当該アラブ国が隣国に侵略された際、日本が差し伸べた復興支援の恩返しという意味が込められていたということで、それは海を越えた温情であり、被災支援プラスの側面として遠国からの人の心が伝わってきたものでもあった。

なお東日本大震災後の宗教活動の活発化は、そのまま宗教信仰の再燃となるかのようにも伝えられている。しかしそれはまだまだ動いている話なので、確定的な判断は尚早と言うべきだろう。ここで一点追記しておく方がいいと思われるのは、東北での宗教者を中心とした活動だけではなく、全く非宗教者主体の精神的な救済活動も活性化されている面があるということだ。それだけ裾野が広いということになる。その実例が福島県の諸行事である。

＊福島の年中諸行事

放射線被曝の怖れから多くの年中行事が取りやめとなり、あるいは規模が縮小されてきた。その筆頭は全国的に知られる相馬野馬追であるが、福島県各地の七夕祭りやわらじ祭、そして新盆の念仏祭りなどがある、じゃんがら念仏盆踊り大会も同様であった。多くは、「鎮魂と復興」という呼び掛けの下で進められた。じゃんがら大会はじゃんがら慰霊祭として実施された。注目されるのは、こうした諸行事は、元来は神社の奉納行事の意味合いであったとしても、その後時間の経過とともに相当その影は薄れてくるのが普通である。民間芸能のようにもなる。しかしそれらが再び宗教行事化するか、またはその宗教性が増しているとみられる事例があるということである。そこでは生と死のつながりが意識されて、それが無意識の宗教性を生み出す源泉となっているという。その顛末は、次のように表現される。

生と死の連続性の感覚は、病いや死に直面することによって生じる不安・絶望・悲しみを前に、無力さや、限界に消え入りそうになる自己を辛うじて保とうとするレジリエントな平衡感覚、武者小路実篤の言葉を再掲すると「それより他仕方がないのではないか」という「諦め」の感覚ともいえよう(77)。

大災害の悲惨な状況の直後には、類似の現象が過去にもみられたという。一九一九年、スペイン風邪流行の際には、大本教の教祖である出口王仁三郎が京都亀岡に天恩郷を造成し始めた。それがその後の広範な宗教活動の初めとなったのであった。悲を目前にして、それからの癒しをどのようにして求めるか、多様な方途があるだろう。一般民間レベルから生み出されるものがやがて宗教性を帯びて、大きく花を咲かせるケースもあるということである。

＊公害の原点―水俣病

続いては、日本にはさまざまな悲惨な公害がある。その象徴的な事案として、公害の原点とも言われる水俣病を取り上げる。これは一九五六年に報告されたが、熊本県水俣湾の化学工場などから海や河川に排出されたメチル水銀化合物に汚染された海産物を、住民が長期にわたって食べたことで、中枢神経系疾患が集団的に発生したものである。戦後の日本における高度経済成長期の、実に悲惨な負の側面である。その犠牲者としては、公式認定の死者数は二二〇〇名強であるが、さまざまな救済支援を受けた人たちの数は、七万人に上がっている。一九六八年に厚生省は、原因はチッソ（新日本チッソ肥料）水俣工場の廃液であると認定、その後なんなんと三〇年近くに渉る法廷闘争や行政措置の最終決定も経て、一九九七年にようやく安全宣言が出された。

本件を巡っては企業側の対応の遅さ、責任逃れの対応、それと全く調子を合わせたような担当官庁の姿勢など、人災の面も少なくなかった。そのためにいわば類似の災害として、新潟県阿賀野川流域でも同様の事件が発生してしまった。さらには被害者認定作業も不公正な遅延策が目立ったので、それは二次被害とも言えるのだろう。背景に国策としての経済復興の圧力が企業側に掛かっていたことも否めない。まさしく日本の悲哀の集積である。

＊水俣の「祈りのこけし」

水俣病関連では、著者（水谷）には格別の思い出ができた。少し長くなるが、以下にはその顛末を記す。それもやはり、悲の癒しの典型のような展開でもあった。

筆者の住まいは九州からは遠隔地であり、直接の縁は全くなかったが、二〇二一年、水俣の地で「祈りのこけし」運動を展開しておられる方と知己を得ることとなった。「祈りのこけし」というのには、目も口も鼻もない。それは白木のこけしである。由来としては、水俣病の被害に遭い苦しみながら失われた人間、魚、鳥その他のすべての思いが宿っていると思われる水俣湾埋め立て地にある、「実生《みしょう》の森」の木の枝で彫られたものである。失われた全ての生命に祈りを捧げながら、命の大切さに思いをいたし、二度と水俣病のような悲劇が繰り返されないよう願いを込めて彫り続けられている。白木のままというのは、未完成の意味で、それは見る人の心で完成させてほしいという製作者の気持ちからである。

その制作者は緒方正実《おがたまさみ》さんといわれるが、彼は水俣病と認定されなかったので、一〇年余りの『孤闘』(78)を経てそれを実現することに成功した。自然発生的に「いのりのこけし」は創作し始められて、この一〇数年の間に天皇皇后両陛下（当時）や国際連合総会議長、そして歴代の日本の環境大臣など幅広く、約四〇〇〇体を寄贈された。

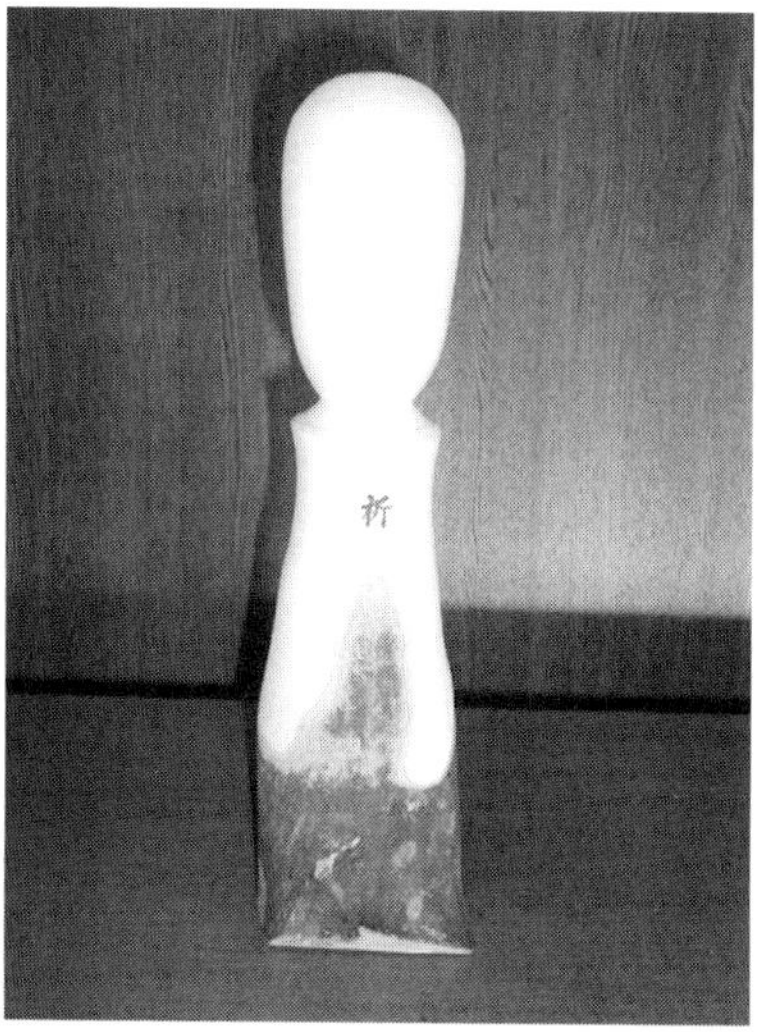
写真１　祈りのこけし像

著者（水谷）はそのような活動を、ＮＨＫテレビの「こころの時間」を通して知ったが、その由来と簡素で淡泊な形象に、こ

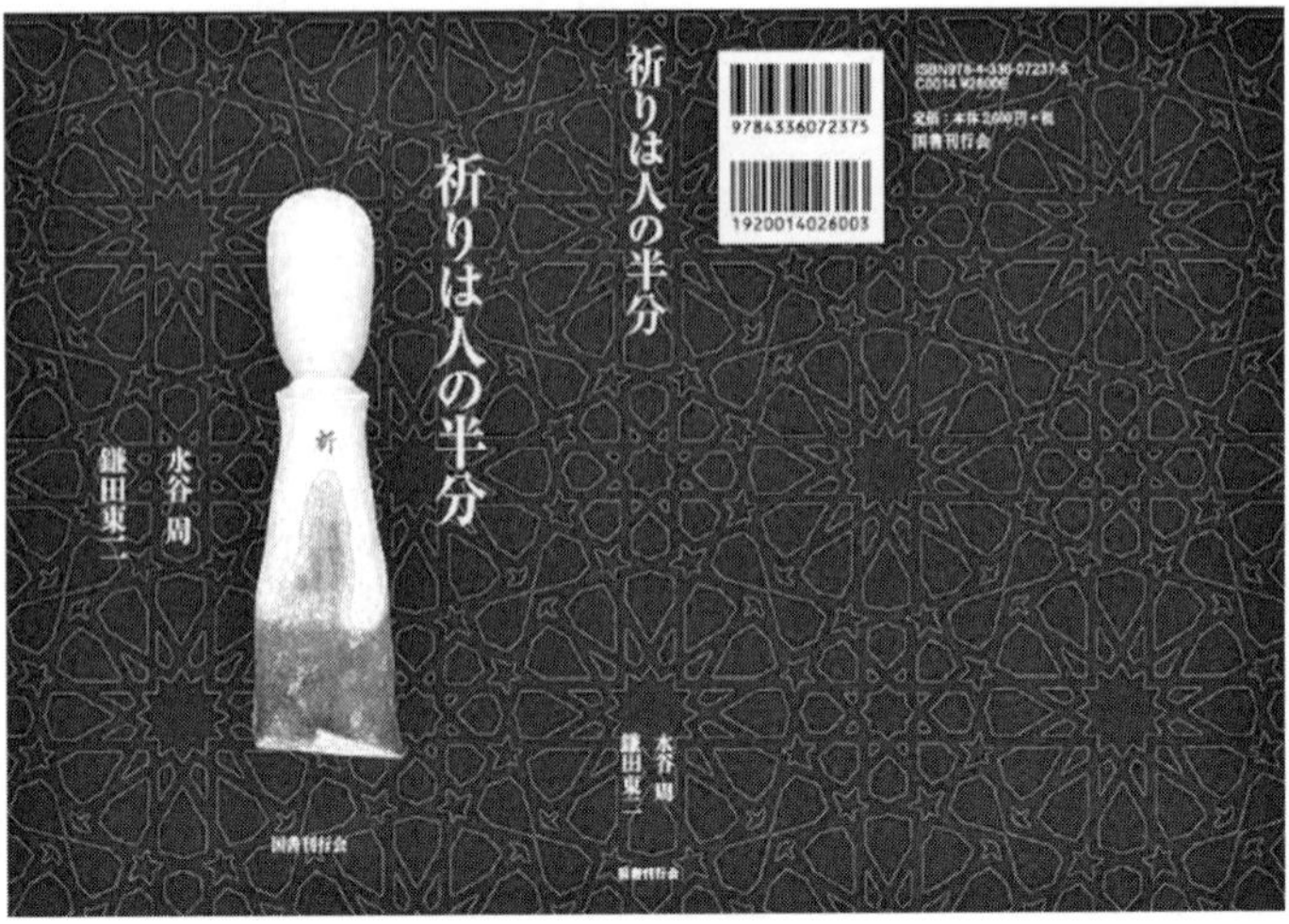

写真2 『祈りは人の半分』カバー

れこそ祈りを象徴し、祈りの力を引き出してくれるものだと、直ちに心の深いところに衝撃を受けた。そこで既出の拙著『祈りは人の半分』[79]のカバーに取り入れさせてもらえないかという願いを伝えたところ、緒方氏からは、当方が代表理事を務める「一般社団法人日本宗教信仰復興会議」のために一体を新しく製作しましょうという話まで頂戴し、無事その完成後、カバー写真として小著を飾ることができたのであった。

緒方さんは水俣病の直接の加害者である企業を責めるだけではなく、その後その事実を歪めて認めず、適時適切な施策も取らなかった国と地方行政の、虚偽、誤魔化し、隠ぺい、無責任な姿勢なども同時に大いに糾弾されたのは、あまりに当然だった。しかしそれも、やがて各方面に「祈りのこけし」を配られて、称賛と支援の声が広まる中、考えは変化し始めた。行政側がその過ちを認め是正に努めることについては、彼の方としても赦す気持ちが高まり、また同時に命の重要性について改めて認識を深め、正直に生きることの大切さを確認されることとなった。

緒方さんご自身の「水俣からのメッセージ」を引用しておきたい。厳しい経験に根差した言葉として、人の胸を打つものがある。

苦しいでき事や悲しいでき事の中には、幸せにつながっているでき事がたくさん含まれている。このことに気がつくか気づかないかで、その人の人生は大きく変わっていく。気づくには、ひとつだけ条件がある。それは、でき事と正面から向かい合う事である。(80)

人の過ちを赦し、生きるものの命を最大尊重し、正直に生きるということは、他ならぬ宗教心の核心でもある。そして最後に確かめたいことは、写真であってもこの「祈りのこけし」を見られた方は、きっとハッとし、さらにはホッとされたのではないかということである。それは要するに、その白木は見る人に語り掛けるのではなく、また目で見返すこともしないからと思われる。ということは逆に言えば、常日頃、人々は周囲の人の群れの険しい目線や心に突き刺さるような言葉使いに、神経がすり減らされているからであろう。ハッとさせられて、次いではホッとして、その後は自ずとその人の念願であり祈りの気持ちに導かれることとなる。そこにこの「祈りのこけし」独特の力が潜んでいるということになる。

その力とは人間の祈るという営みを自然な過程の中に引き出し、誘発させるということである。語らず見つめないこの像は、実は見る人々の心に多くの直球を投げかけているという結果である。今一度、写真の「祈りのこけし」に目をやってほしい。自分の静かで自然な心のあり方に気付き、それを思い出し、蘇生できる心境になっているのではないだろうか。

＊「悲」と日本文化

最後に見るのは、さまざまな悲とその癒しの必要性が、多分野にわたる日本文化の源泉になってきたという見解である。鎌田東二著『ケアの時代―「負の感情」との付き合い方』は、「悲」の出来事の増大という時代に求められる癒しのあり方についての、宗教的で文化史的な指南書にもなっているので、全く時宜を得たものと言える。またそれは多岐に跨る検証を経たものでもあり、実に説得力があると思われる(81)。

戦前の物理学者であり随筆家であり、俳人でもあった寺田寅彦の言葉を借りて、「日本はつり橋の上」にあるようなもので、連続する「災難教育」でたたき上げられてきたということを、まず確認する。そして宗教も芸能も、悲や苦難からの癒しという視点で動機付けられると解説している。コロナ禍の中でも、「こころの三密」は失うべきでなく、悲しみ、怒りや恨みといった負の感情は浄化して、レジリエンス（強靭性）を維持すべきであると主張している。

キリスト教ではメタノイア（回心）ということが言われるが、それは悔い改めること、見方を変えること、つまりパラダイムシフトであると言える。懺悔による心の浄化である。回心は即ち言葉の作用であるところが、日本の言の葉を上げずという神道的な姿勢とは根本的に異なっている。つまり言い直しが、キリスト教における見直しであり、それが癒しとして機能する仕組みである。多くは、それは聖書にある神の言葉ということになる。

言い直しは親鸞の悪人正機説（善人は往生するが、ましてや悪人も）という逆説的表現にもみられる。しかし原始仏教においては、アプローチはもっとシンプルであった。それは「諸行無常」で代表される。つまりすべては、無に帰すると了解することで、悲や恨みなどを軽減し、解消するのである。悟りでは、それを「言語道断」と表現する。それは物事をありのままに見るという態度でもある。

道教では身体による心直しが説かれて、自然の動き、気功法による浄化が求められる。『老子』に言う、道、妙、玄という三法は、自然の営みの発動を表す概念だが、著者鎌田氏は、それらは森の中の大音響に似ており、大自然がすべての存在の根底にあると察知したという。彼自身、毎朝自宅で法螺貝を吹き、近くの比叡山に七〇〇回以上登ってきた、東山修験道の行者でもあるのだ。

日本の神話も同種のテーマに満ち満ちている。そもそも多数の神々は、辱（恥）や恨みの諸々の感情から化成（誕生）してくる。その癒しは、一つは祭りであり、もう一つが歌であった。『古事記』によれば、弟スサノオの乱行に怒りと失望を覚えて、姉アマテラスは天の岩屋戸に姿を隠してしまった。そうするとこの世（高天原《たかまのはら》と葦原中国《あしはらなかつくに》―日本）は暗闇となった。そこで神々は役割分担を決めた上で、岩屋戸前の広場に集まり、大いに騒いで、大いに笑って、アマテラスの関心を煽ったのである。たまらずアマテラスは扉を開けて出てきたので、この世に明かりが戻って高天原は再生したという次第である。

また和歌で癒したというのも、同様である。その後スサノオは出雲の地において、八俣の大蛇を退治したが、その時母親の天照大神に献上した剣と愛の言霊となった詠歌が功を奏して、スサノオは願を成就することができた。その成功に母イザナミは大いにその悲しみを治めて、慰撫されたという著者鎌田氏の読み方が示される。

こうして、祭りは集団の、そして歌は個々人による、日本における祈りであり、「生存戦略」の原型を作り上げたとも解釈できる。さらにその後の能や和歌、そして『平家物語』などの軍記物、また茶道の登場なども、すべて悲に対する癒しという観点から、その真髄を語り、整理することが可能なのである。それらは今日的な用語であれば、グリーフケアの役割を担っていたと言えそうだ。例えば、芭蕉の「松の事は松に習え」は、私意を離れよ、の意味に解し、一茶の句「悠然として山を見る蛙かな」はゆったり構えていて、すぐれて癒し効果が大きいと注意を向けている。丁寧で親切な説明が続いているので、読む方は頷かざるを得ない次第である。

(四) 身近な信仰生活

ア. 再び「空気の色は何色?」

一八六八年の明治維新から一九四五年の第二次世界大戦の敗戦まで、約八〇年であった。そしてまた次の約八〇年が経過して、今日に至っている。初めの時期における軍国主義はもちろん、それに加えて政治による宗教の利用も、後の時期においては徹底して排斥された。そしてその排斥は、上からの強制だけではなく、下からも強く支持されて、むしろ当然のように受け取られた道筋であった。神経質的なまでの強い嫌悪感と忌避の感覚を伴い、それはアレルギー症状であることを見てきた。

軍国主義拒否は裏返しで平和主義となり、それはいまだに信奉されてはいるが、厳しい国際環境の中で、例えば防衛予算急増の方向や、米国海軍の原子力空母の寄港受け入れ、さらには米国との核共有の議論など、さまざまに急速な変化を強いられつつある。一方、宗教事情はその後も大きな変化はなく、時代の変遷に伴う現代化、または更新作業を強いられる様子は全くない。宗教のあり方はこのままで良いという判断が、改めてされているわけでもない。それとは全く逆に、他用に紛れて、それは放置され、棚上げされているだけである。

右の短いレビューから、課題はすでに明らかだと思われる。日本における宗教のあり方に関する広範な刷新（革新）作業が必要になっているのである。心には大きな穴が空いたままであり、それは世界的にも特殊な部類に属する。このような見方が、歴史的な経緯を振り返ってみて出て来る結論であった。(82)

現代の日本では、「宗教」という言葉自体なじみにくいし、近代社会に異質な存在という語感まで沁みついているのではないだろうか。これを、アレルギー症状と呼ばないで、何なのか。例えば宗教行事への参加は、音楽会や展覧会に行くよりも、もっと厳粛で神々《こうごう》しいものであるはずだ。しかし実際は、何となく周囲の目を気にしながら行われることが多いのではないか。

他方宗教という精神的な泉を国民全体が共有する財産として享受できれば、それは生活全般に肥沃な清水を行き渡らせるようなものである。心の大きな穴を埋める必要がある。どうしても経済上のさまざまな指数や、軍事情報など、目に見えるものの方が分かりやすくて着手しやすいものだ。しかし目に見えない「空気の色は何色?」を確かめて、それも遅れずに取り上げるべきである。アレルギーが底流にある限り、新宗教であれ、新新宗教であれ、総称されるスピリチュアリティーであれ、いずれもこれからの日本を牽引するほどの勢いは難しそうだ。尊敬されないからだ。このままでは錨を失ったままの宗教的な漂流である。

後でも詳述するが、多方面の細かな精神的ケアの需要増大、相変わらずの自殺大国であり先行き知らずの生きがい問題、そして基盤を失った道徳観念の混迷に加えて、「悲」の拡大という現実もある。海外でも自己表現力を国際基準に高めないと、支援感謝リストに出してもらえるか何時も心配が残ることとなる。人間としての精神的な共鳴版がしっかりしないと、相手との共感も生まれないのだ。さらにはギスギスとした近代合理性一点張りの時代を超克して、第二の人間復興という人として一段の高みに立つことも望み得ない。以上の諸点は宗教の出番が強まっていることの、諸事例に過ぎない。そういった幾多の事例を点として結ぶとき、現在こそは宗教の刷新の時であるという、緊迫感に満ちた全体像が鮮明に浮かび上がってくることに、読者諸氏も頷かれるのではないだろうか。

思い返すに、江戸時代のお伊勢さん詣では大きなブームとなり、帰郷の頃には行路で寄せられる路銀やお布施によって、財布は随分膨れ上がったという。また四国巡礼のお遍路さんには土地の人からの「お接待」が今でもあり、こころ温まる慣わしだ。もちろんそれらは金銭的な話ではなく、そこに見られる宗教アレルギーとは真逆の人のこころであり、精神的な「空気」や心的生活態度（エートス）に注目しているのである。日本社会には、そのような豊かな泉が枯れずに存続しているはずだ。それが枯渇することがないのは、天賦の才覚として、本来的に自然な人の半分だからである。現代日本では、それが稼働されていないで、自分で蓋をしてしまっているという姿なのである。

しかし宗教の蘇生方法といっても、八〇年間も続いてきたアレルギーを治癒するのは容易ではない。特効薬はないので、しゃにむにできることから行うしかない。敗戦後日本の経済立て直しと同じ質と量の、がむしゃらさが発揮できるかどうかにかかっている。そのためにはまず誰にとっても身近な所から取り組むのが、実際的で効果が期待される。また、それしかないだろう。いわば身近な信仰生活の始めということである。それは何か。

それは要するに、手始めとしては、祈りという営みをもっと自分の生活に取り入れることではないだろうか。その実践と共に、次いでは原点に立ち返って、自らさまざま形で宗教学習に努めることではないだろうか。単純なことと思われても、それがスポーツでも重視される基本練習である。結局のところそこからの、つまり祈りからの再出発である。

イ．祈りとは

祈りは人の歴史ほどに昔からある営みであり、それほどに元来は自然な行動である。放っておいても誰でも祈るし、しかもそれは朝、起床前から始まり、夜、布団に入っても続けられている。ただし自分は祈りを上げるのだ、という意識はあまりないかも知れない。祈ることは、自分の心の中に一つの特別の部屋を用意するようなものだ。そこには日頃の短期的な利益の諸問題は入ってこない。むしろそれらを包括して、新たな視点や次元から眺め、考え直す空間である。それには、心の浄化という言葉も当てられるだろう。

イスラーム風に言い換えれば、次のようにも説明できる。

祈りとは一般に、絶対者への人間からの内面的な語りとも理解されるが、その内容は主への感謝と嘆願が混じったものである。礼拝はイスラームでは毎日五回とされている。昔の仏教では僧侶は毎日六回のお勤めが日課とされていたから、表面的に比較すればほとんど同じということになる。

いずれのケースも礼拝という勤行を毎日定期化したことに意義がある。それほどに、日々来世に思いを致す機会を定時化するということであり、来世感を日常生活にまで取り込ませる役割を果たしている。当然それは現世感をも圧縮し変質させる。そのような生活バランスが宗教で教えられる世界観であるということになる。

ところで祈りだけで現実は動くのだろうか。

信仰の立場からの発想だと、何が現実を動かすというのであろうか。改めて考えてみると現実は他でもない絶対者の意思であり、運命のなせる技である。そうすると、祈りだけで現実は動くと初めから考えていないということになる。祈りは主のお計らいをお願いするという位置付けになる。

そこで祈りの結果がどうであれ、絶対者のお計らいであることは変わらない。それはありがたく受け入れることとなる。そしてそれは時として喜びをもたらし、時として人の忍耐を問う試練の機会ともなるのである。人は主に仕え、試されるために創造され、そして生きているという原点に戻ることとなる。

このような態度は余りに受身にすぎるだろうか。結果が伴わなければ何とか、そして何度でもトライする攻めの姿勢が、現代社会では馴染みのあるものかもしれない。

しかしどこかで結局人間は妥協点を見出しているのが普通だろう。受身であるのか、あくまで攻めの姿勢を維持するのかは本人の判断だ。その中において、少しは現在の自分のあり方とは異なるスタンスが有りうるし、いずれにしても顧みるゆとりのある自然体が、最終的に好結果をもたらすのではないかということだけは、忘れたくない。このような心のゆとりが即ち、心の浄化ということにもなる。

いつでもどこでも、誰にでもできるのが、祈りである。しかもそれは、大なり小なり、誰でもすでに、無意識のうちにも行っていることを、再び強調しておきたい。

コラム　教皇の「祈り」の講話

二〇二一年四月二十一日、教皇フランシスコはコロナ禍を経て再開された一般謁見をバチカン宮殿より中継で行った。それは祈りをテーマとした講話であった。以下は、バチカン・ニュース報道からの抜粋である。[83] 現代日本のあり方は、右の言葉の最後の部分に含まれているのではないだろうか。それは皮肉十分な警告とも受け止められるのである。「祈ることをやめると、最初のうちはいつもどおりに事が運ぶように思われるが、そのうちに、教会は空洞化し、支えを失い、愛や温かさの泉を涸らしてしまう……。」これだけの警告を受ければ、ピンと直感で響く人が多いかと思われる。

「教会は祈りの偉大な学び舎である」と教皇は述べ、両親や祖父母から初めて祈りを習い、やがて、様々な信仰の証し人や祈りの師との出会いを通して成長していく、こうした、多くの人々がたどる祈りと共にある成長の過程を見つめられた。……

信仰は、わたしたちの人生と共に、時には危機や復活を経ながら、成長していく。教皇は、その信仰を息づかせるものは祈りであり、祈りを学べば学ぶほど、人は信仰のうちに成長することができる、と話された。

人生を体験するうちに、「信仰がなければ乗り切れなかった」「祈りが自分の力になっていた」と気づくようになるが、それは自分個人の祈りだけでなく、わたしたちを見守り支えてくれた人々の祈りのおかげでもあったことを自覚するよう教皇は促された。

教会には、祈りのための様々な共同体やグループが生まれ続け、中には、祈りを自分の主な生活にするようにとの召し出しを感じる人々もいる、と教皇は述べ、修道院など、奉献生活者たちがいる場所は、霊的な光の源、深い祈りを分かち合うオアシスとなっている、と話された。

教会におけるすべては祈りの中に生まれ、すべては祈りのおかげで成長する、という教皇は、敵である悪霊が教会と戦おうとする時、最初にすることは、祈りを邪魔し、教会の力の源を干上がらせようとすることである、と述べた。

祈ることをやめると、最初のうちはいつもどおりに事が運ぶように思われるが、そのうちに、教会は空洞化し、支えを失い、愛や温かさの泉を涸らしてしまう、と教皇は語った。……

教皇は、「祈ること」と「祈りを教えること」を教会の課題の一つとして提示され、世代から世代へと、祈りの油をもって信仰のともし火を伝え続けることができるようにと願われた。

「この信仰のともし火がなければ、福音宣教の道を照らせず、奉仕するために寄り添う兄弟たちの顔を見ることができない」、「信仰がなければ、すべては崩れる。祈りがなければ、信仰の火は消える」と述べた教皇は、そのためにも「教会は交わりと祈りの学び舎でなくてはならない」と強調された。

ウ.「祈りの日」を設けること

いずれの宗教においても祈りの中心は、今あることに対する感謝の気持ちと、願い事をすることにある。それは物質、科学、理性という近代合理主義の諸側面と対立するものではなく、あるいは否定するものではなく、それらと一体であり調和しつつ、それら諸力の総合として働くものである。つまり人として当然な姿に戻るということになる。さらに言い換えれば、それは全幅的な姿の人間の再認識であり、その復興ということになるのである。

大きな悲しみの日はとかく記念日になる。終戦記念日、大震災記念日、原爆記念日、あるいはニューヨークの九・一一記念日などなど、枚挙に暇がない。著者が自然と思い至ったのは、そういった様々な記念日を統合するような日があってもいいのではないかということである。それを今仮に「祈りの日」と名付けよう。その日には、平和、安全、そして命への感謝の気持ちをすべて込めつつ、一人で、あるいは全員で祈りを捧げるという、人としての原点を取り戻す行為をしてよいのだろうということである。

もちろんその「祈りの日」は超宗教的で、超政治的で、ただひたすらに人間的で、原点的であるだけだ。このような日はまず日本で現実味のある話として考案し、提案されてよいのだろう。しかし将来的には例えば国際連合主導で世界的な規模に広がっても何の遜色もないだけの根拠がある。それは人間尊重であり人の命重視である以上、しきりに言われる持続可能な開発目標SDGsの推進とも連動する。

本文をここまで読まれた読者はほとんど必ず、何という夢うつつだ、戯言《たわごと》を、という印象を持たれても驚きではない。夢を持って、それを語ることも少なくなった今日この頃なので、敢えて批判を覚悟の上で記した次第だ。言い換えれば、このような「祈りの日」が全員の行事として設けて欲しいなどという厚かましい勝手な願いも、自分個人の「祈りの日」には許されることとなる。

ちなみに、日本臨床宗教師会（会長は鎌田東二氏）では、二〇二二年三月一一日、「いのちと平和の祈り」を実施した。それはウクライナ情勢、新型コロナ・ウイルス感染症、東日本大震災などの自然災害に向けての祈りであった。その後も各地で同様の祈りが行われるように呼び掛けている。

各人各様の祈りを考案するのは大きな楽しみであり、希望が膨らむ。それは自分を見直す機会にもなるので、読者方々も、自分としての「祈りの日」を設けて一度試されるよう誘いたいと思う。心の中に、もう一部屋増やすのである。

ちなみに夢を描くと言えば、著者は二〇二〇年夏に、「日本宗教信仰復興会議」という一般社団法人を設立した。これもいわば壮大な夢を追いかけての事業であることは、その名称からも明らかであろう。法人監修で『宗教信仰復興叢書』という全七巻＋別巻の叢書の刊行も始まった。どこまでその目標に到達することができるかは今後の活動次第だ。ちなみにその法人名で検索するとホーム・ページが出てくるが、何時も追加更新されており、活動の詳細はここで述べるのは控える。いずれ機が熟せば、先に触れた「祈りの日」の実践もこの法人の主導によって推進しても良いのではないかと、またまた空想に耽っている。

なお「祈りの日」の発想と同様だが、さまざまな会合や行事の初めは、黙祷から入るというのも一案である。すでにそれを実行している宗派もあるし、その雰囲気は全員の気持ちを静かにまとめることができて、非常にすがすがしいものがある。それは会合などの場所で設定されるものだが、一方「祈りの日」は特定の日程で実施するという違いがあるだけだ。どちらであっても良いので、要は心の浄化の営みを、われわれのもっと手近なものにしたいということになる。

それから蛇足のようではあるが、困った時の神頼みも別に悪くはないが、困ったときには頼るべき存在が維持されているからこそ、依拠できる技ということになる。だから何も困る時を待つことなく、恒常的に祈りを正面から人々の日常に組み込めないものだろうか。それは信教の如何を問う話ではなく、宗派を越えたアプローチである。「日常の中の祈り、祈りの中の日常」という標語も寺院の表看板などに見かける。

祈りをあげる習慣がもっと社会の前面に出されるようになれば、時間単位の生産効率は下がるかも知れない。しかし労働する人間の意欲や共同の精神は高まっているはずだ。またどこであれ必要とされる人間的な配慮を、いつも心放さずいるという、人として当然の心構えもより整ったものになっているだろう。

祈りは自由の世界だとはいっても、やはり教育によりその手順や中身が充実される方が良いことは間違いない。そこで家庭であるか、宗教施設であるかは別として、宗教も教育の対象として取り上げられるのが望ましいということになる。その究極は適切な内容が公立の学校教育に組み込まれることであるが、それは現在、憲法の規定以上に厳格に運用されている。

エ．宗教の学習と教育

＊宗教学習の裾野の広がり

宗教に対する忌避よりその功徳の享受へと展開するため、カンフル剤となるのは単純な話だが、学習と教育である。宗教教育は自習も含めた家庭学習が大きな部分ではあるが、最小限の共通部分は学校教育にも期待したい。それでは家で教えられるのかどうか、また学校内ではどうか。どこを見渡しても、そのような人材は、直ちには見当たらないのが普通であろう。これが八〇年間の、宗教疎外の結末であると思うと、気が付いた今が、その修復の最良の機会となる。「思い立ったが吉日」という格言が思い出される。

そこでまずは自習が手っ取り早い。そのための留意点を掲げてみたい。そのいずれを取るにしても、日頃の自分のあり方とは気持ちの上で決別する用意が求められる。合理性追求、今までの利害感覚などとはお別れである。新たな自分ということは、一端は赤子の心境に立ち返ることであり、それが自らをリセットする原点である。そんな曲芸のようなことができるのか。しようと思えば、程度の差はあっても、誰でもできる。

①まずいきなりだが、単刀直入に始めよう。宗教の終極である荘厳さを実感して、安寧の

心境のありがたさを知ること。自然美を堪能することも、手軽な方法である。常に輝く夜空の星々を見て、人が善を求める心の常であることと共に、これほど驚嘆させられるものはないと言ったのは、ドイツの哲学者カント（一八〇四年没）であった。逆に、世の儚さを深く心に刻むことも有益。それは悲の直感であり、人は死と裏腹に生きていることを体感する。室町時代の僧一休は、歩く杖の頭にはしゃれこうべをぶら下げていた話を前述した。

②宗教上の友達を作ろう。そして人間関係をまっすぐなものにして、周囲を感化するくらいの意気込みを持とう。宗教をよく理解する最善の方法の一つは、その教えを人びとに伝えることだともされる。じっと一人考えるのではなく、周りの人に話しかけることで、自分の考えも整理され、真髄に近づき、確信のほども高まるだろう。

③近くの神社仏閣や教会に行ってみよう。ほとんどのお坊さんや神主さんは、あまりしゃべりかけないだろうが、キリスト教の牧師さんたちはそうではない。親しげに肩を叩いては、近づいてくるのがよくあるケースだ。そういう実体験は、その宗教を近いものにしてくれる。またイスラームの礼拝所では、困った人を一晩止めてくれることも珍しくない。

④宗教書を読んでみる。それもただの読み方ではなく、耽読《たんどく》するのである。受験勉強ではない。自分のこころとその本の文字、あるいはその後ろにある見えない何かとの対話を果たすのである。宗教書といっても、多くの宗教施設には、無料配布用の資料がかなり置かれて

いるのが通常である。それでまずは十分だ。分量よりは、少なくても熟読の程度が問題である。場合によっては、丸暗記が確実かも知れない。反復して、丸暗記もありうるというのは、そもそも合理性を求める勉強方法ではない。

⑤いろいろの儀礼に参加してみよう。祭りでもいいし、会食でもいい。また奉仕活動も参加すると、気持ちのいいものだ。そして適時適切な寄付も、善行の典型であり、文字通り浄財ということが実感される。他では替えられない経験となる。

これらの事を、信仰を求める人たちが実行するのはもちろん、更には宗教学徒も是非参考にしてほしいと思う。そうすることで、信仰を内側から実見できるのは、外からばかり遠回しに観察するのとは異なる理解が得られるからだ。

次いで、順不同だが、以下のような事柄も課題となるだろう。そこには教育基本法のような一貫した手法や方針はないのが、自習や家庭教育や社会教育の特性である。

①何度か本書で用いた表現だが、法要や礼拝に赴くことは、厳粛で神々《こうごう》しい姿として見なす必要がある。それは音楽会や展覧会に足を運ぶのとは、異なる種類というか、異次元の行為であるとの意識を確立する。

②日本の墓参りや初詣も宗教であることを知る必要もある。その上で、日本人は宗教に寛容かどうか、少し自省してみよう。広くは、葬儀となると固まる傾向がある。それには、家

の感覚が強くて、祖先崇拝には拘《こだわ》るという日本の慣習が関係していることも知っておこう。

③さらに日本人は、他人に宗教について尋ねることを避けるのが普通である。しかし何が相手にとって不快であり不敬かを理解して、それを回避するだけの知識を持つこと。日本人の間では、宗教についての話をすることがほとんどないが、宗教をもっと通常の話題にするようにならないか。

④欲張れば、テレビ番組も欲しい。宗教の番組は海外では普通であるが、日本ではＮＨＫの「こころの時代」以外には、例えば臨床宗教師の活動に関する報道や随時の特殊番組しか、ほとんど例がない。因みに、一九六二年に「心と人生」として始められたこの番組は、一九八二年に至って「こころの時代～宗教と人生～」と改名されて、その後継続されている。日本でテレビ放送が始まったのは、一九五三年だから、その九年後になってようやく宗教が番組化されたということになる。もっと多く定時番組にされて、その中で例えば各宗教の経典読誦と解説といった内容のものが、いずれ出てくることが切望される。

⑤再三だが、日本全体が襲われている宗教アレルギーという国民病のもたらす病魔の深刻さをしっかり認識すること。今の社会は特殊な時代状況なのであり、従ってそれを当然で自然であり、あるいは世界的にも普通だと誤解しないこと。日本はしばしばガラバゴス現象に取りつかれることは、広く知られている。どうして米国大統領の就任式では聖書に手を当て

るのか、同国の貨幣には「われわれは神を信じる」と刻まれていること、あるいはロシアの教会活動の活発なこと、そして中東や東南アジア諸国での宗教関連の事案の多いことなど、視野を広める素材は、実は動かなくてもあちらからわれわれの周辺にすり寄ってきているのである。人類史上の大きな精神的資産である宗教の果実を全幅に満喫しないでやせ我慢する必要はない。そんな淋しい、貧しい選択はもう十分してきたのである。

＊学校教育

①公立学校での宗教教育と憲法改正論

相変わらず根強い宗教アレルギーの他に現在の宗教状況の根幹を規定しているのは、現行憲法の政教分離条項である。現行憲法第二〇条には、次のようにある。

「第一項　信教の自由は、何人に対してもこれを保障する。いかなる宗教団体も、国から特権を受け、又は政治上の権力を行使してはならない。

第二項　何人も、宗教上の行為、祝典、儀式又は行事に参加することを強制されない。第三項　国及びその機関は、宗教教育その他いかなる宗教的活動もしてはならない。」

また教育基本法第一五条には、次のようにある。

「宗教に関する寛容の態度、宗教に関する一般的な教養及び宗教の社会生活における地位は、教育上尊重されなければならない。」

これらの規定振りに、大きな問題は生じていないと見られる。ただし実際のところは、教科書や教育現場において、それほど宗教上の寛容さ、一般教養、社会的地位を「尊重」しているわけではない。宗教教育論において、宗教知識教育、宗教学習、宗派教育と三つに区別されるうちの、まずは初めの知識教育を拡充するということ。また宗派教育を日本の学校で行うことは論外としても、それには至らない宗教学習という中間の部類を探求するということになる。

つまり具体論においては、例えば従来世界史や地理などの一端に出てきたような宗教関連の事項に加えて、宗教は世界の大半の人々が信じている普遍的なこと、また自分は信じないとしても、他者の宗教と宗教を信じている人々に相応の敬意を払うこと、そして宗教は人類が古来大切してきた精神的な泉であり、その歴史的な役割の大きさもよく認識すること、また日本固有の宗教的な伝統とその価値への理解を深めることなどの諸点である。(84)

②情操教育の論点

以下は知識教育とは別に、情操という側面に関する議論であるが、かなり特化した問題となる。つまり議論としては、次のような憲法修正の提案が一部識者からは出されている。

教育基本法の原案（昭和二一年）にあった、「宗教的情操の涵養は、教育上これを尊重しなければならない。」を生かして、右の教育基本法第一五条は「一般的な教養や宗教的な情操」とする方がより適切だというのである。この主張は、二〇〇六年の教育基本法改正の際にも出されたものであった。宗教は人の本性から出て来るものだとの理解より、芸術教育と少なくとも同列に扱うべき性格であるという発想である。

そこで以上の筋書きを、憲法上も反映すると次のようになる。具体的には、憲法第二〇条第四項として、「宗教に関する寛容の態度、宗教に関する一般的な教養や宗教的な情操及び宗教の社会生活における地位は、教育上尊重されなければならない。」と新たに追加修正するという主張になる。

ただし情操とは何かを巡っても諸見解がある。特に神道的な祭祀儀礼は宗派的な信仰ではなく、公共的な日本文化の一面なので、情操教育として学校においても祭祀関係は教育されるべきだとされる。本件はあまりに多様な議論を呼んでおり、ここでは宗教に関する情操教育という側面が検討課題として挙げられているということだけを記すことで筆を止めることにしよう。

また当面、教科となった道徳では、宗教的な情操とは畏敬の念であると解釈した上で教えられているようである。まず畏敬の念は道徳の学習指導要領において、学校で教えられるべきものと明記された。更に例えば、音楽の教育で畏怖の念を涵養する曲目を教えることはあるし、また国語でも教材に仏教思想が山盛りに入った文学作品を多数取り上げている。それを通じて、われわれは『方丈記』や『徒然草』になじんできた。あるいは社会科としては、例えば修学旅行でも寺社仏閣を訪問するのは恒例であろう。いずれも、畏敬の念を観取する好機となっていることは間違いない。

③財政措置：憲法第八九条には次の通りある。「公金その他の公の財産は、宗教上の組織若しくは団体の使用、便益若しくは維持のため、又は公の支配に属しない慈善、教育若しくは博愛の事業に対し、これを支出し、又はその利用に供してはならない。」本条も、特段の問題は生じていない。

また、憲法三〇条は、「国民は、法律の定めるところにより、納税の義務を負う。」としている。しかし本来、国などの公共機関が負うべき責務を果たしていることが、公益性の高い法人の減免税上の特別措置の根拠とされる。宗教法人に関して、国税については法律で、地方税については税条例によって実施されている。宗教法人の公益事業は企業のように剰余金の配当はなく、また残余財産分配も法制上できない（公共団体への寄付扱いとなる）ことも、非課税とする根拠とされている。

ただし「坊主丸儲け」という、誤解も含めての不公平感から来る不満もあり、種々議論の結果、土地関連など具体的に三四種の事業は宗教法人としての収益事業と定められ、それらは課税対象と明記された。

④その他‥公民館などの使用を宗教法人には認めない方針とされている。他方それは、現状認められている公道での祭りを承認する場合と実質差がないのではないかという議論はある。しかしこれは憲法上の問題ではなく、当面は条例レベルの事案という整理になる。

以上を通じて、現行憲法や法制上の火を噴くような問題はないと言えるのは幸いである。しかし実質的には、公立学校教育における内容として、宗教の世界における役割、日本の置かれた特殊な状況など、大幅に改訂、拡充される必要がある。これらの自粛気味で手控えられた状況も、これまたアレルギーのなせる技なのではないのか。かつての共産主義諸国のように宗教を社会の阿片と見るに近いようなかたくなな憲法解釈に囚われず、宗教本来が国民にもたらす精神的な泉としての役割を果たしうるように運用することは、現行憲法の規定の範囲内でも可能なのである。このアレルギーを払拭するには、現在こそは宗教蘇生の時であるという、緊迫感に満ちた認識を研ぎ澄ます必要がある。同時に、これこそは次の時代に向

けた日本社会の大きな精神的しこりを除去するための、根本治療だとの自覚も迫られているのである。(85)

さらに一般には、宗教の持つ人間的社会的な本源的意義と効用への理解や情操涵養、文化の多様性と寛容性の育成などの効果を目途とし、宗教に関して日本における一段と高いレベルの社会常識の定着が課題といえる。しかしそうなる頃には、文字通り宗教アレルギーの卒業という段階にあるのであろう。

【註】

(58) 見えないものの把握というのは、要素還元的な実証研究に直ちにはなじまない。それが前章の「信仰論」の問題であり、本章で扱う「宗教アレルギー」であり、さらに次章の「未完の社会改革」の問題である。研究の対象でないとは言っても、本書ではそれらは書かれていない裏の事実であるという認識である。時代の趨勢、人々の予想、期待、理想や願望も無視できない。ちなみに「宗教アレルギー」や「未完の社会改革」というテーマを主題として取り上げた出版物は、寡聞にして未だに見ない。

(59) アンリ・ピレンヌ『ヨーロッパ世界の誕生　マホメットとシャルルマーニュ』佐々木克巳・中村宏訳、講談社文庫、二〇二〇年。

(60) ロナルド・フィリップ・ドーア『江戸時代の教育』松居弘道訳、岩波書店、一九七〇年。なお同氏の『幻滅　外国人社会学者が見た戦後日本七〇年』については、本書第三章(二)ア。末尾の脚注を参照。

(61) 鈴木大拙『日本的霊性』岩波文庫、一九七二年。

(62) エドワード・W・サイード『オリエンタリズム』今澤紀子訳、平凡社ライブラリー、上下二巻、一九九三年。

(63) 鴨長明『方丈記』の「ゆく河の流れは絶えずして、しかももとの水にあらず。……世の中にある人とすみかと、またかくのごとし。」であるが、それと対置されるのは、上杉鷹山の「なせば成る なさねば成らぬ 何事も……。」であろう。日本では、前者の姿勢が後者を圧倒してきた。ただし両極あることも事実である。

(64) 石原慎太郎、曽野綾子『死という最後の未来』幻冬舎、二〇二〇年。『新解釈　現代語訳　法華経』幻冬舎、二〇二〇年。

(65) この分野の刊行物も多数あるが、例えば総論的には、貝塚茂樹『戦後日本と道徳教育』ミネルヴァ書房、二〇二〇年。また同『道徳の教育化―「戦後七〇年」の対立を超えて―』文化書房博文社、二〇一五年。

(66) 昨今の道徳論で際立ったものに、長短二著ある。西部邁『国民の道徳』産経新聞出版、二〇〇〇年。生涯を掛けた大著、大型版(A5判)で六七三頁に渉る。単著であるのは驚き。神仏にたよらないかぎり、正しさの何たるかを明記することはできない（一三頁）、しかし伝統にある諸価値の平衡という形で正しさは見いだせるとしている（三五三頁）。それならどうして、まだそれは見いだせていないのか、疑問が残る。長尾真『心の時代と神道』アスパラ、二〇二〇年。これも生涯を通した遺言であるが、小型版（B６判）で七五頁の超短編。こちらは宗教が道徳の源泉という立場であり、各宗教の持つ道徳概念を取り出し汎道徳律として確立し、世界の規範とすべしと主張（五四頁）。また宗教の基盤を科学的に肯定し、双方が協調することは可能としている（二九頁）。

(67) 読む本も戦時中を扱ったものが少なくなかった。『わだつみの声』という学徒出陣で散っていった青年兵の遺書や絶句を編集したものや、野間宏『真空地帯』の軍隊における人間疎外の状況を描いた小説などが当時評判となった。

(68) 終戦直後からラジオ放送による宣伝作戦は始まっていた。「太平洋戦史」や「真相箱」といった番組は毎日放送されて、日本軍部と軍国主義糾弾が喧伝された。それは米国への反発、なかんずく原爆投下への非難を回避する直近の課題もあったからであった。

(69) 島薗進『新宗教を問う―近代日本人と救いの信仰』筑摩書房、二〇二〇年。

(70) 中野孝次『清貧の思想』文春文庫、一九九六年。「所有に対する欲望を最小限に制限することで、逆に内的自由を飛躍させるという逆説的な考え」、「それは自我の狭小な壁に閉じ込められないための工夫……。欲望や我執にとらわれていては、自己の外に遍満する宇宙の生命を感じることができない。そのために所有物を最小限にして、身を遍界生命に解放する手段……。」(中野一六一頁、二〇二頁など)

(71) 中野毅『戦後日本の宗教と政治』大明堂、二〇〇三年。「複数の宗教的世界の多元的・重層的な競合の世界」(終章)として日本の新旧の諸宗教や諸派を捉えるという視点をもって、戦後日本の宗教動向を総括している。それほどに輻輳しているということである。

(72) 阿満利麿『日本人はなぜ無宗教なのか』ちくま新書、一九九六年。「創唱宗教」だけを宗教と考える人は、自分は無宗教と言うが、実際は日本には慣行や習俗と見なされがちな「自然宗教」が強く存続しているとする。結局同書ではむしろ、日本人には固有の宗教性があるという結論を出していると理解される。なお国家祭祀を行う神社神道以外の諸派を差別する明治以来の神道非宗教論は諸派(出雲大社系、天理教など)の信教を一段と低く見る感覚と風習も生み出した、さらにはキリスト教と比べても、諸派の信教は低く見られる結果を招いたとしている。日本人にとって狭隘なこのような状況を同書は、「痩せた宗教観」と称して、その現状を嘆いている。

(73) 堀江宗正「序論 変わり続ける宗教/無宗教」、『いま宗教に向き合う』岩波書店、二〇一八年。全四巻、第一巻『現代日本の宗教事情―国内編I』一―二二頁。筆者は、戦後を三期(第一次産業期一九四五―五五年、第二次産業期一九五五年―七三年、第三次産業期一九七三―一九九五年)に分けている。

(74) 島薗進『スピリチュアリティーの興隆―新霊性文化とその周辺』岩波書店、二〇〇七年。鎌田東二編『スピリチュアリティーと宗教』ビング・ネット・プレス、二〇一六年。などに、「スピリチュアリティー」に関して多くを負っている。
(75) Ian Reader, *Secularization, R.I.P.? Nonsense! The Rush Hour Away from the God's and the Decline of Religion in Contemporary Japan*, Journal of Religion in Japan 1 (2012) pp. 7-36, Leiden, Brill.
(76) 信仰は心の内にとどめ、外で宗教活動を行うことは、公序を乱すので控えるべきだという明治以来の政府の方針の影響もある。明治憲法第二八条にいう。「日本臣民は安寧秩序を妨げず及び臣民たるの義務に背かざるの限りにおいて信教の自由を有す。」
(77) 弓山達也「非宗教者の信仰復興―福島県下の大規模災害を事例として」、『宗教信仰復興と現代社会』国書刊行会、二〇二二年。島薗進編集、宗教信仰復興叢書第一巻所収、二一三頁。
(78) 緒方正実『孤闘―正直に生きる』創想社、二〇〇九年。第三一回熊日出版文化賞の受賞作品となった、多くは原資料を収集した形だが、五七九頁にわたる大著。
(79) 水谷周、鎌田東二『祈りは人の半分』国書刊行会、二〇二一年。
(80) 緒方正実『水俣・女島の海に生きる　わが闘病と認定の半生』世識書房、二〇一六年。二二二―三頁。
(81) 鎌田東二『ケアの時代―「負の感情」との付き合い方』淡交社、二〇二一年。
(82) 前掲書、阿満利麿『日本人はなぜ無宗教なのか』一一〇頁。宗教信仰が日本でも十全に復興すべきだとして次のように説いている。「人間と人生に究極的な意味を与える智恵、つまり宗教は、どうしても必要となってくる。……そのとき、「無宗教」を標榜するだけの選択しかないということは、あまりにも淋しい人生ではなかろうか。近代日本は、そのような淋しい選択を選んだ時代なのであった。」

（83）https://www.cbcj.catholic.jp/category/document/docpope/popeinjapan2019/「カトリック中央協議会」の暫定訳抜粋。二〇二二年六月二七日検索。

（84）占領下から戦後における宗教教育に関する諸議論は、杉原誠四郎、大崎素史、貝塚茂樹『日本の宗教教育と宗教文化』文化書房博文社、二〇〇四年。教育基本法原案などの詳細は、杉原誠四郎『理想の政教分離規定と憲法改正』改正社、二〇一五年。前著において杉原氏は、宗教文化的に日本は豊かな国でありそれを全幅に教育しないで憲法の文言に囚われているのは解せない、ちょうど戦争放棄とはいっても必要に迫られて自衛隊が設けられているのと同じではないかと訴えている。同書二一〇〜二一三頁。戦後、日教組はマルキシズムに染まったために、宗教教育否定論に走ったという面もあった。同書二三八頁。

（85）随時改訂されてきた小中学校学習指導要領の書き振りを総合的に精査する作業は本書の範囲を超えている。重要な点を一つ上げれば、二〇一七年告示の中学校社会科第二章には次のようにある。「(ア) 世界の古代文明や宗教のおこりを基に，世界の各地で文明が築かれたことを理解すること。（内容の取扱い）(ア) の「世界の古代文明」については人類の出現にも触れ，中国の文明をはじめとして諸文明の特徴を取り扱い，生活技術の発達，文字の使用，国家のおこりと発展などの共通する特徴に気付かせるようにすること。またギリシャ・ローマの文明について，政治制度など民主政治の来歴の観点から取り扱うこと。「宗教のおこり」については，仏教，キリスト教，イスラム教などを取り上げ，古代の文明とともに大きく捉えさせるようにすること。」

三、宗教刷新の訴え

日本における宗教は戦後の八〇年にわたる長いトンネルから抜け出して、漸く日の当たる道に着けるかどうかは、これからの決意と実践にかかっている。それはもちろん、簡単な言葉で言うより、はるかに平坦なものではない。そのためには、宗教自身の刷新も必要となるからである。

人々の宗教離れと表裏一体となって、全体としてそこにほぼ固定された型枠が出来上がってしまっている。別の表現をすれば、宗教界も含めて全員が、同じ一つの日本丸に乗船した格好になっているのだ。宗教本来の貢献を全うするためには、今後の自らの役割に関する意識改革と、表舞台に出る覚悟と、高次元の精神性豊かな宗教界の言葉の創出といった新たな行動が求められている。それは何も政治社会問題に直接に関与するのではなく、そこに宗教的で倫理道徳的な観点からの貢献を目途とするものである。

以上の問題提起は、精神的なケアの重視、宗教の政治社会的参画、そしてそのための宗教者の全国ネットによる霊的なメッセージの発出という一連の課題となる。

（一）ケアの重視

ア．大きな課題と「小さな課題」

従来、宗教上の主題は、天地創造、天国と地獄、罪と赦しや罰、生と死、あるいは無や空といった事柄であった。それらは人間であり宇宙全体の存否にかかわる、壮大なテーマである。当然今後とも、それらは中心的な命題として引き続き考察され、論及され続けられるだろう。他方そういったスケールの大きな課題とは別に、個々人にかかわる精神的な癒しや死の床の看取りといった諸問題が、昨今急速に注目を浴びている。あるいは伝統的な諸宗派の縛りから離れて、一人ひとりの精神的な道探しに挑む人たちも多数出てきた。それらをまとめて、「小さな課題」と総称しておこう。

「小さな課題」を社会の注目を集める舞台の正面に踊り出させた、最近の社会的な潮流として、次の諸点が指摘される。

・超高齢化社会―高齢化社会を通り過ぎて、「超」が付くようになり、さらに多数の人から病気、孤独、ストレス、死の恐怖などの精神的な訴えが急増した。またそういった訴えがネット情報やメディアを通じて広く知られることで、問題が迅速に知られるようになり、増幅されるようにもなった。このような新需要に対する施設や制度、人材などの準備不足も、世界的に問題視されている。

・ポストモダニズム—これは従来の経済発展と合理性追求のみではなく、強さと大きさよりは、弱小者への配慮を重視する新たな思潮である。少数派の意見や女性の権利重視、都会中心よりは地方の生活志向、経済開発よりは環境重視などの立場。

・情報化社会—遠隔で細かな事柄も、注目を集めるようになった。従来は考えられなかったことだが、今や地球の裏側の貧困や犯罪などの諸問題を、日本の茶の間にいながら熟知できるのである。同類の諸問題は、より広く話題となり、人々の関心を集めるのが日常茶飯事となった。

・新型コロナ・ウイルス感染症の長期化—在宅時間長期化の影響などから、日常生活の身近な諸問題や精神的な健康に細かな関心が払われるようになった。同感染症以降も、ウイルスの問題自体は消えてなくなるわけではない。人々の生活スタイルに変化を来たしているのである。それはいずれにしてもより「小さな課題」を意識し、それを取り上げる機会を増やす結果となっている。

こうしたさまざまな潮流が互いに混じり合い、あるいはぶつかり合いながら、「小さな課題」が集積してきたのであった。その動向を受けて、まずは幾多の新たな研究が迅速に着手されてきた。
・死生学、看取り学、グリーフケア研究
・身心変容技法の研究―瞑想、武芸、スポーツなどの訓練による心身への効果など
・新たな医療の模索―患者とその家族への傾聴、患者中心の個別重視の医療体制など
・スピリチュアリティーの研究―前章で既述の通り、特に九〇年代以降進展

どの一つをとっても大変な深さと蓄積量であるので、ここではこれらを列挙するにとどめざるを得ない。本書としての本論に戻ると、「小さな課題」の増大とそれらへの取り組みに伴い、宗教界でもよりきめ細かいアプローチが求められつつあるということを特記したい。中でもその好例として、昨今は臨床宗教師の活動が注目されている。

イ．臨床宗教師と教誨師

臨床宗教師は、日本語としてはまだ新造語の感覚があるくらいに、新規の仕事であると言って差し支えないであろう。種々苦難を味わっている人々の個人、あるいは家族とともに、話を傾聴し、霊的な相談に乗り、旧来のカウンセリングに似たような任務に当たる人たちである。医療的なケアとも協働する。

欧米ではキリスト教を中心に、一九世紀以来、発達したサービスである。それぞれの国内

で、臨床宗教師（チャプリン）の訓練課程や資格試験の内容などが事細かに定められている。その後は更に、学校や地域社会を単位として、きめ細かな取り組みが進行している。それぞれの特性に応じた制度の設立案内などは、ネット検索が可能なようにもなっている。

さらにこの二〇年ほどの間に、米国を中心にムスリムのチャプリンも活動を展開している。主としては受刑者向けであったのが、最近では大学などでも発達し、また軍隊内にも派遣するようになった。そしてキリスト教のチャプリン制度にならって、協会を設立して詳細な、そして厳しい内容の規定を検討中のようである。

一方、日本では主としては東日本大震災後の進展である。一九九五年一月一七日の阪神・淡路大震災では、一〇〇万人以上のボランティア活動があったが、その主なものは家屋の片づけや炊き出しといった支援活動であった。それでも僧侶の一団が、焼け野原の現場で読経を続けているシーンがニュースで紹介されたことが、鮮烈な印象を残した。また「こころのケア」という言葉が聞かれるようになったのも、この大震災を契機としていた。但しそれには芸能人による慰問なども含まれた。

しかし二〇一一年三月一一日の東日本大震災は、規模感が全く異なった。超宗教で、多種多様な支援の取り組みが展開されることとなった。それを受けてまずは、同年四月に、宗教者災害支援連絡会が発足した。設立の趣意は、島薗進会長の次の言葉にある。

宗教界もそれぞれの仕方で被災者支援に力を注いできています。そこで、宗教者による被災者支援の情報を提供し合い、その働きを拡充する仕組みを作ってはどうかという声が上がりました。それを受けて四月一日に立ち上がったのが、この宗教者災害支援連絡会です。宗教教団が教団組織として行う支援も、個々の宗教者グループがそれぞれに行う支援もさらに活性化していきたいものです。この宗教者災害支援連絡会は多様な試みの情報をつきあわせ、お互いの経験から学びあう、宗教、宗派を超えた宗教者の連絡組織として、被災者や避難者の助けとなることを目指します。

直接的で物質的な支援に加えて、精神的ケアの必要性が叫ばれた。そこで当初は宮城県宗教法人連絡協議会が主体となって、「心の相談室」が発足、それとは別途、曹洞宗僧侶が移動式傾聴喫茶「カフェ・デ・モンク」を開設した。これら両者が臨床宗教師の必要性を痛感したのが、そのシステム化の発想の原点となった。

二〇一六年に任意団体として、日本臨床宗教師会（初代会長は島薗進氏、現在は鎌田東二氏）が発足した。それは翌年には一般社団法人となり、二〇一八年には初めての資格認定を開始した。全国には八つの地方臨床宗教師会が設立されているが、同法人はその中心的な組織であるとともに、臨床宗教師関係の講座などを維持する約一〇の諸大学や関連団体とも連携して、資格認定に必要な受講単位の相互認証などを進めている。

右の進展と並行的に、二〇一二年より東北大学に実践宗教学寄付講座が発足していた。同講座は二〇二三年度より閉鎖されることとなったが、順調な実績を積み重ねてきていた。スピリチュアル・ケア、宗教間対話、死生観などを学習するほか、多くの時間を掛けて実践研修が行われた。すでに数百名の修了者がいるが、二年間のコースであり、臨床宗教師の資格認定試験受験の資格が供与されることが、直接のメリットである。かれらの活躍が今後期待されている。多幸な将来を願いつつ、著者が代表理事を務める一般社団法人日本宗教信仰復興会議からも、形ばかりの寄付を受け付けてもらえたことは、非常に欣快であった。

こうして日本の場合は、大震災後の悲惨さを目前にして、むしろ自然発生的にその必要性が叫ばれて、臨床宗教師の体制は誕生したのであった。仏教系、神道系、キリスト教系、イスラームなど、参加者は多様である。こうした取り組みは、果たして日本に定着するのであろうかと、期待半分にしきりに注目されている。

(一) ケアの重視

なお従来見られた臨床宗教師に近い存在は、教誨師であった。これは刑務所で服役中の受刑者を訪問して、個人的あるいは集団で説教、説話、講話などを行うものである。その初めは、一八七二年、真宗大谷派の僧侶たちが名古屋と巣鴨で始めたとされる。現在は全国で二〇〇〇名位の数に上る。

基本的には受刑者側の希望が出されて、それを宗教団体に話をつなぐ形で実施される。各団体は誰がその任に当たれるかの判断をする仕組みであり、一律の資格審査制は取られていない。実は、著者もイスラームの事であればお役に立つこともあるかと考えて、幾つかの刑務所に申し出たが、イスラームの話を聞きたいという要望が出されていないということで、その時は実現しなかった。ただし一件のみであるが、特定の個人が所内でイスラームに改宗したきっかけが拙著『イスラームの善と悪』を読んだことであったという事例があり、いそいそと話し合いのために出向いたことがあった。

ウ．グリーフケア必要性の拡大

日本でグリーフケア（悲嘆者の健全さ回復と社会復帰）が独立した課題として浮上したのは、二〇〇五年、ＪＲ西日本の福知山線列車脱線事故が契機となった。あまりに痛ましい事故であったことは多くの人の記憶に新しいが、その被害者への弔いが従来通りの読経と焼香中心であったことが、遺族の気持ちを満たすには全く不十分であったとされる。そこで関係者が広く集まり、悲嘆を学ぶ講座などが催されて、それが聖トマス大学の研究所につながり、二〇一〇年からは、上智大学がその責務を東京と大阪のキャンパスで継承した。多様な悲嘆のあり方とその癒し方が主たるテーマである。

一例としては、アルコール依存症に悩む人たちの治療法の研究がある。一九三五年に始まった、「匿名のアルコール依存症者たち」を意味する、「アルコホリック・アノニマス」は米国で発足されたその自助団体であるが、さまざまな病気や心理的葛藤に苦しむ人たちに対して、一二条の実践プログラムを提示した。その中核は、自らの力の限界を知り、自己放棄しながら「神（ハイヤー・パワー）」にすべてを委ねるように説いている。ただしその「神」とは、キリスト教のものである必要はなく、各自が呼び掛けることができる何ものかで良いとされる。そうなるとそれは従来の救済の観念ではなく、むしろスピリチュアルな営みということになる。つまり宗教との狭間を行くのが実態ということになる。この微妙な諸関係は新しい宗教の関与の在り方であり、グリーフケア研究の課題となっている。

（一）ケアの重視

看取りの方法として、仏教では宗派を超えて「息合《いき》わせ」という臨終の作法がある。それは、看取る者が死の床にある病人の呼吸に合わせて念仏や題目を唱える方法であるが、それは人の命を支える最も根源的な命の共有が体験される所作である。それにより、仏土の再会も念じられ、死にゆく人は来世へと旅立つというシナリオである。これ以外にも多様な作法が実践され、提唱されている。音楽や詩の吟唱なども試みられて、専門の研究書も出されるに至った。

このように多種多様な課題と分野を包摂しながら、今後ともグリーフの増大に直面しつつ、その克服研究としてのグリーフケア研究は進められるのだろう。

エ．高齢者へのケアの充実

超高齢化社会の日本だが、厚労省によると二〇四二年には約三九〇〇万人が七五歳以上の後期高齢者となる。こうして多死社会を迎える日本において、終末期をどう迎えるかは大きなテーマである。高齢者の医療、看護、介護福祉、心理、教育に関する学理及び実践活動の報告を含むケア研究が必要とされる。そして実際、各地の老人ホーム、養護センター、リハビリセンター、病院やクリニックを中心に、多様な取り組みが行われている。また将来を見据えて、地域包括ケアプログラムの推進も、全国レベルで推進しようと厚労省は努めている。

現在のところは医療が中心になってはいるが、同時に対象を当該人とその家族にも広げて捉え、また心理学など関連諸学の連携も図られつつある。その一端として、宗教も一定の役割を果たすことが期待される。

そんな中創設されたのが、終末期ケア専門士という資格である。二〇二〇年、この終末期ケア専門士は一般社団法人日本終末期ケア協会によって新設された。民間の資格ではあるが、先の需要を見越したもので、高齢者ケアの包括的なアプローチを狙っている。その目標を、近く死が避けられない人に対し、身体的精神的な苦痛を緩和・軽減し、人生の最期まで尊厳ある生活を支援することと定めている。そのプログラムを一見する限り、現在のところ宗教とのコラボはまだ企画されていない模様である。

オ．医療との新たな関係

「小さな課題」との関連で、医療分野の刷新への試行が続いているようだ。東洋医学との連係は既に早期より着手されている。これは相当周知のところであろう。

より最近には次のような指摘がされる。それは医療の専門家が医療サービスの評価をするのではなく、その受け手が行うという発想である。そうすることが、本当の自律的な医療を実現するという視点である。これは米国の医療社会学者であったエリオット・フリードソン（二〇〇五年没）が提唱したチーム医療の考え方だが、きめ細かなサービスの評価と提供という観点から注目されている。

また医療関係者がさまざまに患者やその家族の語りを傾聴する、緩和ケアの発想も取り入れられつつある。この観点は、「いのちの研究会」を主宰する慶応義塾大学名誉教授加藤眞三氏にも影響していると見られる。彼自身が内科医師である。彼によると、今や医療情報は患者側も豊富にネットなどから入手可能になり、そのことは医療判断の主体は患者にあるという発想に立つ方が、より実際的で適切なサービスを確保できるのではないかということを指摘している。この背景には、慢性疾患や生活習慣病の増大という事情もあるようだ。

いずれにしてもこの発想は、印刷術の発達で『バイブル』が一般市民に提供されたことが、各自の新たな聖書解釈を可能にしたのに似ていると言う。ちなみに加藤氏は二〇一六年には、「信仰を持つ医療者の連帯のための会」も立ち上げており、そこでは医療者が自分のもつ信仰を医療の現場でどのように生かせるのかということを語り合うことを趣旨としている。それにより、宗教を空理空論で終わらせるのではなく、現実と遊離しない形で新しい宗教のあり方を示そうという意欲である。

これらは非常に興味深い指摘であるが、宗教との橋渡しや理論的な構想、そして具体的な成果はこれからのようである。いずれにしても、このような指摘や展開は、やはり各患者の要請に寄り添うものであり、それも「小さな課題」に対応した格好となるのであろう。

カ．「小さな課題」と今後の宗教

以上で「小さな課題」として、従来の天国と地獄などの壮大な諸課題とは別系統の新課題が群がりつつあることを述べてきた。それを特記した最大の理由は、これらの「小さな課題」との取り組みは、決して従来のものと比較して、軽微な扱いを受けるべきではないと考えられるからである。確かに、哲学や神学などの奥深い諸学問とは距離のある、現場的な実践サービスである。そのことがあるいは、臨床宗教師の仕事はより軽少であると見られる恐れを感じるのである。研究対象としては、伝統的でないことは確かである。しかし重要なことは、現場の対処を求めている人たちが多数いるということである。

逆に言えば、その状況は臨床宗教師たちが宗教活動の広い裾野に展開すれば、それが大きな基盤となるだろうということである。それは宗教活動の本務であり、それを過小評価しておろそかにするということになれば、全体が骨抜き状態となり、結局は宗教自らの弱体化に直結する恐れがある。少々表現を選ばないとすれば、臨床宗教師たちに宗教全体の将来が掛かっていると言うことになるのではないのだろうか。

伝統宗教各派の従来パターンの努力が継続されているとしても、こういった新局面に対しては、やはり新鮮な対応をするのが、必要であり賢策ということになる。改めて見直すと、法然にしても親鸞にしても、更には日蓮や一遍にしても、末法到来（一〇五二年）という断末魔に直面し苦悩する大衆に対応し傾聴して、ケア療法に従事したと見ることさえ可能なのではないか。その成功なくしては、今日の日本仏教は生まれてこなかったということになる。

（二）宗教の政治社会的参画

ア．未完の社会改革

戦後の前半期である四〇年間は、貧しいながらも、向上心に溢れたすがすがしさがあった。国民全体に生きがいなどは、あまり問題にされなかった。そうでなくなったのが、後半期の四〇年間の特色と言えよう。

これでは何とも非分析的な表現だとの誹《そし》りを受ける恐れがないではないが、そのような直感的表現こそが、短い中に本質を言い当てているとも考えられる。そして現在は不透明で何を頑張っていいのかはっきりしない、長いトンネルを抜けようとする転換期にあるのだという、時代認識を得ることともなる。

戦後の社会に関して、当初の勢いがいつの間にか萎縮して、挙句の果ては別物に変質した事態に関して、少し古くなるが、著名な評論家江藤淳（一九九九年没）の言葉を借りたい。戦後の改革が変質してしまったことに対する、もやもや感と非常な失望感さえ強く表明されている。

（戦後民主主義は）民主主義とは似ても似つかないもたれあいと相互監視、皆で渡れば怖くないけれども、一人で飛び出すのは真っ平御免という空気のような全体主義心情を、極度にまで推し進めた頽廃に陥った。

戦後前半期は幸いにも高度成長を達成できたが、その後は何が国民的な目標なのか、羅針盤がないという新局面に突入することになった。太平洋戦争を食い止められなかった一端の責任は、有識者にあったと猛省していたはずの人たち自身は、その半世紀後、国民は食べられるようになったのだから、その次は何を目指すべきかと議論を始めていた。しかし結局彼らは、開戦に十分に抵抗できなかったばかりか、明確な次の方向を提示することにも失敗したということになる。

さらにその直後に襲ったのが　一九九〇年以降のバブル経済の崩壊とその深刻な後遺症であった。それは高度成長と表裏一体の面も多かったという意味では不可避なものであったし、また経済史上、バブル現象は世界でも決して例外的ではないし、珍しいものではなかった。しかし日本経済にとっては、ただただ驚きと悔やみの日々を迎えることとなった。

これで日本は自由と民主を掲げた諸改革よりは、日銭稼ぎに忙殺される身分となった。そして諸改革の多くは、遺憾ながら道半ばで途中下車となったのだ。経済復興が一応達成されたという大きな事実は残っているので、政治社会改革の方面も達成されたのかという漠然とした誤解も広く持たれたままで時間が過ぎることとなった。

確かに「社会改革」という独立した単一の政策課題があったわけではない。それは連合軍総司令部GHQ主導の、基軸になるような目玉商品ではないが、多岐にわたる諸課題の総称としておこう。国民の総意であり気運として、日本は生まれ変わらなければならないという決意が間違いなくあったのであり、その総体を指しているとも言える。ちょうど宗教アレルギーと同じように、単独のテーマとしては描かれていないし、それだけに目には見えず、また学術的な分析の道具にもならない。しかし国民間に厳然として流れていた「空気」である以上、それは裏の事実として受け止めるということである。

あるいは次のようにも言える。それは軍国主義から平和主義へ、そして専制主義から民主主義へといった大転回は衆目の下で、鳴り物入れで進められたが、その底辺を支えていたのは新生日本を造るのだという国上げての決意であり、悲願であった。その決意は、日本人の国民性にもメスを入れようとするものであった。例えば鎖国政策にも起因して国際的な視野が狭い、いまだ封建社会の名残で内向きだ、横社会の感覚が薄く縦構造の人間関係に頼りがちだ、日本では国民や臣民は理解されても、市民としての感覚は弱くてそれは民主的な社会作りの障害になる、など多様な議論が活発であった。それらは透明度の高い、公明正大な社会を眺望していた。だからこそ、貧しくてもすがすがしかったということになる。こういった総体を「社会改革」への意欲として呼んでいるということである。

この勢いは、バブル崩壊後は目立って下火となってしまった。多くが積み残しとなった。具体例を多少見ると、頻繁に聞かれる国会での説明不足も結局はそれがまかり通り、徹底追及という勢いはそれを見ている国民やメディアの側にも弱くて、またか、仕方ない、という諦めムードが初めから漂っている。さらに例を挙げると、新設の自衛隊に対するシビリアン・コントロールの徹底など、軍の制度改革は衆目にもさらされやすく、当然避けて通れない分野であった。しかし日々の諸問題を扱い、社会に近い存在の警察や検察に対する制度の透明化はどうしても後手に回されてきた。小さな変更でも市民への影響が直接的となり、果断な変革が難しい面があるからだろう。

圧倒的な検察優位の捜査システムは、戦前の特別高等警察やさらには江戸時代以来の岡っ引きの名残も多分にあるのではないか。取調室には弁護士の同席は許されないし、検察側は裁判以前から捜査内容をメディアに流して、世論を捜査側に有利に誘導することなどが日常茶飯に行われている。冤罪による誤捜査と同様、問題化しても被疑者には、それへの十分な対抗力が与えられていない。融通無碍な拘留制度も、国内外の世論によって長短が操作される。カルロス・ゴーン元日産会長のレバノンへの逃亡劇は誰が見ても違法であることは間違いない。しかし彼に対する「人権無視」の長期拘留は、特に海外から批判の声が高まった。

それもあってか、日本の旧態然たる検察手法を逃れたという意味では、何がしか同情の声が寄せられたのは不思議ではなかった。

バブル崩壊後の日本社会は、アガサ・クリスティーの推理小説『オリエンタル急行の殺人』を思い起こさせるものがある。乗客全員の役割は異なっていても、同一事案の共謀犯になっているとも表現できる。もちろん日本全体では善意の人も多いし、ほとんどは無辜の市民による日々の努力の積み重ねであることは間違いない。そこに倫理道徳的な問題があるわけではない。しかしその日々の営みが、無意識な共同運航による日本丸になっているということである。江藤の言う、「もたれあいと相互監視、皆で渡れば怖くないけれども、一人で飛び出すのは真っ平御免という空気のような全体主義心情を、極度にまで推し進めた頽廃」ということになる。

こうして再度の徹底した社会改革への挑戦の呼び声は聞かれない。道半ばで途中下車してしまい、公明正大な社会実現への改革は風前の灯火か、あるいはすでにその灯は消え失せてしまったのかもしれない。今現在は経済の復調だけではなく、社会改革が不徹底に終わっている「戦後」を猛省の対象にすべしと言える最後のタイミングかも知れない。そしてそれ自身が、次の指針であり方向性だと位置づけることもできる。著者自身は、今後を考えると、江藤ほどに失望ばかりはしていられないということになる。

イ．公明正大な社会実現への参画

自由と民主という旗振りの下で、一応戦後の八〇年間が貫き通されたのは、大変に慶賀すべきことであった。それに伴い、人権の意識は相当定着しており、それが日々の生活にも生かされるまでに成長したと思われる。その大きな成果は、特に表舞台に登場する政治経済の制度や、その他、報道の在り方や教育内容などでは顕著である。

このように言う時にすでに明らかだが、それらから落ちこぼれた多くの手つかずの諸側面があるということを物語っている。役所が市民に冷たいという苦情は長く続き、その改善は非常に進んだが、その後多数の外国人の移住が進み、そういった外国籍者への扱いはどうか、総じて社会的な弱者に対する態度はどうかなど、見落とされた面も多い。

萎縮する世相の中で、積み残しとなった諸課題が多数あっても、それらはバラバラの形で取り上げられ、全体像がまとめてコンパクトに提示されるシステムが存在しないだけに、一般の意識も後ずさりしがちなのである。順不同ではあるが、教育改革（討論やスピーチの民主主義向け学科実施）、男女格差、社会的な弱者・無権利者・権利行使困難者などの救済（ホームレス、失業者、困窮者、被災者、病弱者、外国人、刑期満了の出所者など）、新たな権利の確立による救済（ハンセン病患者、被疑者の扱いなど）等々枚挙に暇がない。

さらに昨今の実例を加えよう。それは安倍長期政権の末期に集中的に露見された。森友学園設立の際の土地払い下げ価格が異常に低下に設定された諸事情、それを巡る国会資料の改ざん問題を苦にした大阪国税局の若手職員の自殺、愛媛県今治市の加計学院設立許可を巡り対立候補であった大学の不自然な立候補取り下げ事案があった。さらには、毎年恒例の新宿御苑における「桜を見る会」における招待状の不透明な配布先、ホテルにおけるその前夜祭への多数の地元関係者への格安招待、同会実施への企業側負担の政治資金報告書未記載問題などがあった。

それら各々の詳細はここで記述する必要はないが、肝心なことは一連の疑惑事案は、国民軽視で口封じが各所で行われたに違いないという確信が、多数の国民や報道関係者の間で共有されたままで、終止符が打たれたか、あるいは打たれようとしているということである。さらには内閣人事局における、各省庁幹部職員の任免に関する政府側の意向貫徹の徹底振りも、過剰な介入と批判されつつも、具体的な調査は論外とされた。これらは「権力の私物化」として批判された。

権力者は当然有利な立場にある。随所で隠蔽しようと思えばできるということである。それでは合法なら、何をしてもいいのかどうか。そこに治世者としての、公的な道徳観念がなければならないのである。それではこの道徳感を強調し、世に訴える仕事は誰の責務か。宗教界がそれを免れているはずはない。しかし宗教界を責めて、問い詰める人もいない。暖簾に腕押しであり、糠《ぬか》に釘だからだ。

それではそのような社会改革の前進に対する宗教の立場はどうあるべきかが、本論の取り上げるべき問題である。もちろん個々具体的な働きかけと手を取りながらではあるが、宗教では総括的な発想からの発言や活動が期待されるだろう。それは時に道徳的で抽象的な声となるだろうが、そういう全般的な精神界の判断と指針を鮮明にするところに宗教界の固有の働きがある。誠実さ、正義、慈悲、忍耐、寛容さ、感謝などの徳目が重視される。弱者救済や権力の横暴への抵抗運動は、歴史的に見ても宗教が力を発揮してきた分野であった。

このような宗教の社会的機能は、アレルギーの症状ですっかり忘れ去られているかのようである。確かに二〇一五年の安保法制審議の時には、国民的な抗議運動に加わり、珍しく多数の宗教団体から同法制反対の意思表明がなされた。あるいは皇室尊崇、新憲法制定、国家的英霊祭祀の確立など、特定の問題に関しては個別具体的に主張を繰り返すことも行われている。しかしそれらは一定のサークル内での陳情であり、外の世界にはほとんど聞こえてこない。つまり通常は、腰を低くして矢面に立たない姿勢が維持されているのだ。社会の反発を避けつつ生き延びる術として、それは宗教・非宗教間のバランスであり、双方に共通の固定化された型枠でもある。

宗教アレルギーのもたらしたこの型枠にはまっている限り、新たな展開は望めない。それは、八〇年の間に住み心地の良い巣箱となり、マンネリズムで固められてしまったのだ。宗教側としては、本来は人間の半面である精神界を受け持つという誇りと責任感に満ちていておかしくないはずである。しかしそれが、いわれなき過度の自粛といった姿勢になっているのである。

ウ．発言の活発化

今日現在の風潮としては、戦後の積み残しの宿題について、一層の改革を進めなければいけないという勢いは全く感じられない。「事なかれ主義」とも言われる。社会改革は未完成であったという感触どころではなく、現状はその逆である。日本は「民度」が高い、個人よりは集団的価値を重視するのは美徳だ、あるいは日本人は論理的でなくてよいといった極論を含めて、日本民族特殊論の視点からの現状肯定論が目立ち始めているのだ。

この流れで一点確認をしておきたいことがある。それは、戦前の猛省の筆頭に挙げられる問題でもあるが、果たして国家神道は復興しているのかという疑問である。これは宗教の政治社会的な発言を進めると、戦前への回帰ではないかという脈絡で必ず懸念される問題である。

神道側からの動きとして注目されるのは、一九六九年の神道政治連盟（神政連）の結成である。それは戦前の国家神道の担い手であった神社本庁を主体としている。そして一九七〇年には神道政治連盟国会議員懇談会の結成へと続いて、国会議員の四〇％ほどが入る大規模な団体となった。神政連は、一九九〇年には活動の性格として政治団体ではなくなり、今では選挙支援に徹している任意団体となった。皇室尊崇、文化的伝統の尊重、新憲法制定、教育改革、国家的英霊祭祀の確立など、右翼的で国家主義的な目標を標榜しており、前章末尾で言及した二〇〇六年の教育基本法改正の際には、「宗教的情操」の涵養の条文化や愛国心の明記などを主張していた。

一方、政治家の靖国神社や伊勢神宮への参拝の存続、皇室報道や皇室制度の議論の活発化といった状況が、戦前回帰をうかがわせる事態として挙げられる。また特に、長年触れられることのなかった皇室祭祀への注目度の高さもそれに火を注ぐものとなっている。こういった広義の国家神道は、徐々にその姿を現してきていると見られる。現状はそれ以上には、戦前のような軍事優先や過激な国家主義と連動しているとは、まだ見られていない。ただし戦前の国家神道は議論が煮詰められないままに遺棄されたという終戦時の経緯もあり、気が付けばそれが息を吹き返している恐れは常にあるというのが実感である。もしそのような兆候が見られれば、国家神道は戦前の体制の根幹をなしていただけに、悪夢が再びということで、世を騒がすこと必定である。そしてそれは再び、宗教アレルギーの症状を悪化させる恐れもある。

更にもう一点、追加してよさそうな問題は、旧統一教会の政界への介入振りが二〇二二年七月の安倍元総理殺害事件以来、急浮上していることである。かつては霊感商法や巨額献金などの問題から同教会は社会の批判を浴びてきた。しかしその時点では主として社会の不穏要因としての問題であったが、今次は主として選挙協力などで確定票数を約すような政治関与やロビーイングの在り方が問題となっている。政治関与の効果として、例えば現在の世界統一平和家庭連合への名称変更認証について、文科省が従来の態度変更を目立たない形で済ませたといったことも挙げられる。こうした政治利用が違法行為であったとは言い切れない。しかしそれは現行法の規定に照らし合わせればという話であって、果たしてそのような法制が十分で適切であったのかが、基本問題となる。もちろん個人の信仰の自由という原点はゆるがせにできないにしても、以上の社会的政治的な側面に関する徹底した調査と対策が要請されているということである。すでに一九九五年のオウム真理教で経験済みなはずだが、一般に宗教法人が隠れ蓑とならないように、その活動内容の精査と監視体制の確立は、とりもなおさず現代日本社会の公明正大化そのものの課題でもある。

そこで従前の、中座してしまった改革をさらに推し進める話に戻ろう。戦後の主要課題であったはずの社会改革のために自らに対して鞭を打つのではなく、途中下車した地点から何食わぬ顔をして再出発しようというのが、大勢の姿勢ということになる。その姿勢の前提は、現状肯定となる。歴史の展開としてはそのような選択肢の方が楽なので、それもありなのだろうか、と首を傾《かし》げざるを得ない。

ところがまさしくこの時点で、一層柔軟な議論と、当初に顕在であった民主と自由尊重を基本とした公明正大さ志向の精神を忘れずに、自らに厳しい選択が望まれる。敗戦の反省と言っても、戦前を知る世代は非常に少数派になったので、反省の旗を振るだけでは有効ではない。それだけ時間が経ってしまったのだ。しかし、まだ間に合う。

そんな中、宗教は、人はいかに生きるべきかの指針を出している以上、具体的に取り組む問題は何であれ、政治社会的な諸課題に口を閉ざすべきいわれはない。具体的な諸課題を通して、より総合的で、来世との関係も示すような着想を提示することは、現代日本社会にとっての泣き所であり、独特の貢献を果たすことになる。

また社会参画をすることは、宗教信仰復興そのものに対しても大いに刺激となり、人としての誇りある宗教信仰本来の姿を取り戻させてくれるものがあるはずだ。

(二) 宗教の政治社会的参画

沖縄の平良修牧師（一九三二年生まれ）は、一九六六年、占領真最中の時世ではあったが、新任の米国フェルディナンド・アンガー第五代琉球列島高等弁務官の就任式において、祈祷牧師として招かれ、次のような祈りを上げたことがあった。かれは、政治社会問題との距離感で二つに分かれがちな中、いわゆる教会派でもなければ社会派でもなく、「イエス・キリスト派」と自称している。つまり自分としては、是々非々であり、言うべきは言うというスタンスなのであろう。政治社会問題についての、霊的レベルからの発言を重ねてきている彼の姿勢は、さすがだと思わせられる。これこそ宗教の現実社会への発言であり、その目線には、今の本土では失われてしまった、勇気と実直にして高貴な勢いが横溢している。

神よ、私ども、新高等弁務官の就任式に集い、共に主なるあなたのみ前に深く頭を垂れる機を与えられて感謝いたします。過去二十年、戦争と、戦争の脅威により、世界の多くの人々が家庭と愛する者たちから引き裂かれ、私どもの郷土、沖縄も祖国から切り離される憂き目を体験してまいりました。

神よ、願わくは、世界に一日も早く平和が築き上げられ、新高等弁務官が最後の高等弁務官となり、沖縄が本来の正常な状態に回復されますように、せつに祈ります。しかし、私どもはこの就任式をとおして見る今の現実から逃避することは許されません。この厳しい現実から逃避することなく、また、それによって押しひしがれることなく、かえって、私どもが心から待望してやまない世界平和と、私どもの国家間の正常な関係を築き上げる一助になりうるために、私どもをして、高等弁務官とみのり多い協力をなさしめてください。

神よ、沖縄にはあなたのひとり子イエス・キリストが生命を賭けて愛しておられる百万の市民がおります。高等弁務官をしてこれら市民の人権の尊厳の前に深く頭を垂れさせてください。そのようなあり方において、主なるあなたへの服従をなさしめてください。天地のすべての権威を持ちたもう神の子イエス・キリストは、その権威を、人々の足を洗う僕の形においてしか用いられませんでした。沖縄の最高権者、高等弁務官にもそのような権威のありかたをお示しください。

神よ、高等弁務官を含む私どもすべての者に、変えることのできないものをば、それを謙虚に受け入れることのできる力をお与えください。また変えることのできるもの、変えなければならないものをば敢然と変えていくことのできる勇気をお与えください。何よりも、これら二つのものを正しく見きわめることのできるさとい知恵をお与えください。

(三) 宗教代表者の霊的メッセージ

ア．全国組織の現状

日本に横たわる宗教上の障害は種々ある。本書でしきりに言及したのは、アレルギー症状であった。このような疾病を治癒するには、各宗派別や地方別の対応では難しい。それは他の幾多の分野を見ても明らかだ。例えばスポーツにしてもそうだし、あるいは学術研究もしかりである。経済界で言えば、経済団体連合会（経団連）のような組織はないものであろうか。

現状、多宗派の宗教者が連携している全国規模の組織として挙げられるのは、僅少である。世界平和などを標榜しているものもあるが、他方、日本国内の宗教事情全体を主要な課題としているものは少ない。

・日本宗教連盟―一九四六年に発足した。多宗派、多宗教で、全国規模での連携と協力を旨としている。教派神道連合会、財団法人全日本仏教会、日本キリスト教連合会、神社本庁、財団法人新日本宗教団体連合会の五団体から理事が出て（さらに学識者から一名）、代表は各団体の一年交代制。現在は浄土宗の理事が代表を務めている。この「日宗連」は多数の会合開催、声明発出などを活発に行っている。教育基本法の検討についても、積極的な提言や要望を発出してきた。前身は戦前の、大日本戦時宗教報国会である。

・世界連邦運動―一九四七年、世界的に著名であった人たち（湯川秀樹、バートランド・ラッセル、アインシュタイン、シュバイツァー、チャーチルら）が発足させた運動。世界連邦政府を目指し、その日本委員会は今も約一〇〇名に上る超党派の国会議員により運営されている。また主要な宗教団体の協力も集めている。

・世界宗教者平和会議―一九七〇年に設立されて、国際連合関連のＮＰＯとして登録されている。またそのアジア版で、アジア宗教者平和会議も創設された。日本委員会（委員長は立正佼成会庭野日鑛会長）が超宗派で設立されている。宗教間対話や人道支援の促進を通じて、世界平和を目指す。

・新日本宗教団体連合会―一九五一年設立、三六の団体が加盟している（新宗連のホーム・ページによると同連合会に情報提供のあった加盟団体数のみ）。多宗教であるが、基本は新宗教諸団体が中心の構成である。

・以上の他に、日本宗教者平和会議や世界平和宗教者連合と称する組織も活動しているが、特定の政党（共産党）や宗派（旧統一教会）との結びつきが強い。

・日本会議―一九九七年に設立されて、「美しい日本の再建と誇りある国づくり」を掲げ、政策提言と国民運動を行うとしている。任意団体ながら会員数は四万人程度に上る。これは宗教団体ではないが、役員の四割超が宗教関係者である。神道系では、神社本庁、伊勢神宮、神道政治連盟、明治神宮、靖国神社、熱田神宮、東京都神社庁など、仏教系では比叡山延暦寺、解脱会、新生仏教教団などである。さらに国会議員懇談会や地方議員連盟もあり、国会議員では約三〇〇名が所属している。このように数は多くても、課題により考え方は様々で、結束力には限界があると見られている。

一般的な運動方針としては、皇室崇敬、愛国心、反共、伝統重視といった右翼系、国家主義的な諸価値を共有し、それを共通項として大同団結が実現している。ただし日本会議の団体候補と見られる国会議員は、参院選比例で数名の候補にとどまっているとされ、まだ単独の団体としては政治的な総力を結集する段階にはないと言える。また資金的には神社本庁のバックアップが大きいとされるが、日本会議は組織力や資金力の双方において、創価学会との比較ではないという結論である。

以上が現状の概要である。主として国内の宗教事情を全般的に検討し、超宗教的に宗教信仰を推進するとすれば、歴史的背景は別として客観的に見た場合、初めに上げた日本宗教連盟なのかもしれない。もちろんそれは、他の諸組織とも連携を取ってはいる。多数の出版物、声明文、セミナー活動を展開しているようで、そのＨＰには非常に綿密かつ周到な事業が掲載されている。ところが他の多くの組織もそれとほぼ同様な活発さは見せている。

イ．全国ネット組織設立の必要性

主として国内向けで全国的な諸宗教組織は、共通した特徴として、大なり小なりそれぞれ特定の宗教や宗派を代表し、あるいは代弁する立場にあるということである。あるいは、それは抑制気味であっても、また意識、無意識にかかわらず、結局衣の下から鎧が見える式で、何らかのカラーが随時に強く出ることもある。それが別に悪いわけではない。しかしここで肝心なことは、中立、あるいは特段の政治的宗派的な傾向を示さないで、いわば日本の宗教界の代表者としての発言ができる立場の組織が見当たらないということを問題としたいのである。

いわく、皇室崇敬、愛国心、伝統重視、憲法改正、国家的英霊祭祀の重視、教育改革、道義国家の確立などなど、いずれも多様な諸組織間でさまざまに共鳴しているようだ。それらはただ似た面が多いだけではなく、どれをとっても眼前の具体的な政策目標を掲げているという点でも、非常に同質性が高いと言わねばならない。それらはなかんずく、政治活動としてのスローガンの類なのである。したがってそこには、質的に一次元その上を行き、全体をカバーする倫理道徳的な切り口や霊的レベルの表白が見られないということである。そのことは驚きであると同時に、非常に残念と言わざるを得ない。

個別の取り組みによりさまざまな声明が出されても、結局大きな声にならなかった最近の例は、ウクライナ情勢を巡るものである。実に多数の宗教団体から、侵攻や戦争反対の声明が出たことは驚きに値しない。特にロシアの核兵器使用の示唆や、ウクライナ最大のザポリージャ原発の攻撃に対しては、核問題の脈絡からも非難声明が出された。キリスト教系団体は早くに反応し、侵攻開始の二月二四日以降、三月一四日までの間に、二四団体から声明が出された。また仏教系各派も迅速で、さらに新宗教系教団では、大本・人類愛善会、立正佼成会、ありがとうインターナショナルなどが続いた。超宗派的な団体としては、京都宗教者平和協議会、世界宗教者平和会議（ＷＣＲＰ）などであった。ところが三月二五日、東寺真言宗は全国紙で扱われず影響力に問題があるので、声明は出さないで、宗教法人としては祈りを捧げるべきだとした。

そこで以上の検討の結果としては、全国的規模の宗教代表者によるネット組織の設立が求められるということになる。そのようなネット組織で取り上げられて検討されるのは、本書でこれまで取り上げてきた諸問題すべてが入るのである。つまりまずは、科学過信の克服、信仰研究の促進、宗教アレルギーの軽減と解消、「小さな課題」の重視、そして政治社会的な発言や活動の活発化などである。それらに対する個別団体による取り組みも必要ではあるが、全体としての日本の「空気の色」を変えなければ、結局世の中を導く大躍進とはならず、鳴かず飛ばずの結果となってしまう。

そこでまず提唱したいのは、右の新ネット組織によって、何か共通の新たな儀礼の考案があっても良いかも知れないということである。東日本大震災の被災地では、朝はある宗派の儀礼、同日の夕刻には別宗派の儀礼を励行したことがあったそうだ。そうすると異常な感覚ではなく、初めて自分のもの以外を経験することができて、それは大変に互いの理解と親近感を誘って、有意義であったという報告もある。

それと同時に求められるのは、宗教家としての立場、ということは、現世の具象的な諸事例を目前としての、それらの霊的で精神的な視点や指摘である。そのような事例は、実はローマ教皇の逐次出されるメッセージには、種々彩りよくちりばめられているのを常に目にするのである。いずれのメッセージにおいても、教皇の語っていることは、人間の精神世界であり、それが絶対主とどのように結び付けられ、人はその下での生存であるという大原則を、さまざまに示し、伝えているのである。この種の言葉が日本の宗教界の代表者からも、適宜発出されることを想像するだけでも、実に欣快である。そんな日が心待ちにされ、その姿が浮かんで来るようでもある。

それでは日本であれば、誰がそのような広範な責務を果たせる立場にあるのだろうか。右から左にはそれは見当たらないというのが、前に諸組織を一覧した結果であった。誰が話そうとしても、その一派やその宗教の代表として見られてしまう恐れが大きい。それはご当人や関係者の意識はそうでなくとも、結局のところ周囲の人たちにはそのように見られて、せっかくの広範なスピーカーに代表権が渡されないのである。それは十分予想もし、理解もされるところだ。

こうして直ちに各教派代表格の人たちにより、ネット上の全国組織を立ち上げることが念頭に浮かぶこととなる。それは手間や費用は掛からない企画である。必要なことは協力の精神と宗教本来の責務への鋭い感覚である。あるいは誠実さと言ってもよい。

機会あるごとに宗教界全体の立場から、誰かが適切なメッセージを発出する機構と制度の創出である。それは当然、個別具体的なアプローチよりは、従来パターンのものを踏まえつつも圧倒的に精神的で霊的な内容でなければならない。

既にわれわれは、沖縄の平良修牧師の新しい米国高等弁務官の就任式における、勇気ある言葉も見たところである。凛として、それは真に荘厳なものであった。今の本土では失われてしまった、勇気と実直にして高貴な勢いが満ち溢れていたのである。そういう言葉に、人々は安寧を覚えたに違いない。その安寧は、来る日々の糧となり、生命の泉となるのである。

ア．精神的メッセージの発出

以下、幾つかの事例である。それらを玩味してみたい。歴代ローマ教皇のメッセージは多数の機会をとらえて発出されている。いずれも魂への訴えになっている。以下では、教皇フランシスコによる、二〇二〇年三月の新型コロナ・ウイルス感染症に関する一例と、二〇一九年秋の同教皇訪日時の二例を見ておきたい。

感染病の最中にあっては、「この嵐の中で目覚めるよう」と呼びかけ、東日本大震災にあっては「野戦病院となること」と諭し、被災者たちには「控えめで慎ましい生き方を選択する」ことが求められると説諭している。いずれも人の心に、涼しい鐘の音が響くようなすがすがしい印象を植え付けるものである。

①二〇二〇年三月二七日新型コロナ・ウイルスの感染拡大にあたっての「特別な祈りの時」でのことば（ローマと全世界へ）

「その日の夕方になって」（マルコ四・三五）。このように、先ほど朗読された福音は始まります。ここ数週間は、いつも夕方のようです。深い闇が、わたしたちの広場や通り、町を覆い、わたしたちの生活を奪っています。異様な静けさと悲しい喪失感がすべてを覆っています。闇はそれが触れるすべてのものを麻痺させます。そのことが大気中に感じられます。人々の態度やまなざしもそのことを物語っています。わたしたちは恐れおののき、途方に暮れています。福音の中の弟子たちのように、思いもよらない激しい突風に不意を突かれたのです。わたしたちは自分たちが同じ船に乗っていることに気づきました。わたしたちは皆、弱く、途方に暮れていますが、大切でかけがえのない存在です。……

イエスは、最初に沈み始める船尾にいます。どうしておられるのでしょうか。騒ぎのさなかにも、御父を信頼してぐっすり眠っておられます。福音の中で、イエスが眠っているのはこの箇所だけです。イエスは目を覚まし、風と波を静めてから、弟子たちの方を向き、厳しい口調で言います。「なぜ怖がるのか。まだ信仰がないのか」（マルコ四〇節）。……

わたしたちが自分のイメージのことばかり考え、自分のエゴをごまかすために用いてきたステレオタイプという仮面が、嵐によって剝がれ落ちます。そして、決して奪うことのできない、共通の（祝福された）帰属が再び明らかになります。それこそが、兄弟姉妹としての帰属です。……

人生が向かう方向を、あなたと他者に向けて定め直すときです。わたしたちは、その歩みの模範となる大勢の仲間に目を向けることができます。たとえ恐怖にかられても、自分のいのちを差し出した人々です。この勇気あふれる寛容な献身に注ぎ込み、それらを動かしているのは、聖霊の働きの力にほかなりません。わたしたちをあがない、生かし、わたしたちの生活がいかに一般の人々――忘れられがちな人々――によって織りなされ、支えられているかを示してくれるのは、聖霊のいのちにほかなりません。そうした人々は、新聞や雑誌のタイトルや、最新の舞台を飾ることはありませんが、わたしたちの時代の重要な出来事の今このときを刻んでいます。医師、看護師、スーパーマーケットの従業員、清掃員、介護に携わる人、輸送関係者、治安当局、ボランティアの方々、司祭、修道者、そして自分の力だけでは救われないことが分かっている他の多く人々です。……

主はわたしたちに呼びかけておられます。この嵐の中で目覚めるよう、イエスはわたしたちに招いておられます。そして何もかもが難破しそうに思える今このときに、堅固さと支えと意味を与えることのできる連帯と希望を促すよう呼びかけておられます。主はわたしたちの復活への信仰を呼び起こし、励ますために再び目覚めます。わたしたちには錨があります。イエスの十字架において、わたしたちは救われたのです。わたしたちには舵があります。イエスの十字架において、わたしたちはあがなわれたのです。わたしたちには希望があります。イエスの十字架において、わたしたちはいやされ、抱きしめられたのです。ですから、どんな物事も、だれも、イエスのあがないの愛からわたしたしたちを引き離すことはできません。愛情と出会いが欠如し、孤立している状況の中で、多くの物資の不足に見舞われながら、わたしたちは救いの知らせをもう一度聞きます。イエスは復活し、わたしたちのすぐそばで生きておられます。主は十字架からわたしたちに呼びかけておられます。これから待ち受けている生活に向き合うように。わたしたちを必要としている人々に目を向けるように。自分たちのうちにある恵みを強め、認め、促すように。暗くなってゆく灯心を消さないようにしましょう（イザヤ四二・三参照）。それは決して病むことのない明かりです。希望の灯を再びともしましょう。……

②二〇一九年一一月二五日、教皇の訪日ミサ説教（すべてのいのちを守るため）於東京ドーム

ここ日本は、経済的には高度に発展した社会ですが、今朝の青年との集いで、社会的に孤立している人が少なくないこと、いのちの意味が分からず、自分の存在の意味を見いだせず、社会の隅にいる人が、決して少なくないことに気づかされました。家庭、学校、共同体は、一人ひとりがだれかを支え、助ける場であるべきなのに、利益と効率を追い求める過剰な競争によって、ますます損なわれています。多くの人が、当惑し不安を感じています。過剰な要求や、平和と安定を奪う数々の不安によって打ちのめされて

いるのです。

力づける香油のごとく、主のことばが鳴り響きます。思い煩うことなく信頼しなさい、と。主は三度にわたって繰り返して仰せになります。自分のいのちのことで思い悩むな、……明日のことまで思い悩むな(マタイ六・二五、三一、三四)。これは、周りで起きているることに関心をもつなといっているのでも、自分の務めや日々の責任に対していい加減でいなさいといっているのでもありません。それよりも、意味のあるより広い展望に心を開くことを優先して、そこに主と同じ方向に目を向けるための余地を作りなさいという励ましなのです。「何よりもまず、神の国と神の義を求めなさい。そうすれば、これらのものはみな加えて与えられる」(マタイ六・三三)。

主は、食料や衣服といった必需品が大切でないとおっしゃっているのではありません。それよりも、わたしたちの日々の選択について振り返るよう招いておられるのです。何としてでも成功を、しかもいのちをかけてまで成功を追求することにとらわれ、孤立してしまわないようにです。この世での己の利益や利潤のみを追い求める世俗の姿勢と、個人の幸せを主張する利己主義は、実に巧妙にわたしたちを不幸にし、奴隷にします。そのうえ、真に調和のある人間的な社会の発展を阻むのです。……

与えられた美と善は、それを分かち合い、他者に差し出すためのものです。わたしたちはこの世界の主人でも所有者でもなく、創造主と同じ夢にあずかる者なのです。……

　この現実を前に、キリスト者の共同体として、わたしたちは、すべてのいのちを守り、知恵と勇気をもってあかしするよう招かれています。感謝、思いやり、寛大さ、ただ聞くこと、それらを特徴とする姿勢を、いのちをそのままに抱きしめ受け入れる姿勢を、あかしするようにと。……

　いのちの福音を告げるということは、共同体としてわたしたちを駆り立て、わたしたちに強く求めます。それは、傷をいやし、和解とゆるしの道をつねに差し出す準備のある、野戦病院となることです。キリスト者にとって、個々の人や状況を判断する唯一有効な基準は、神がご自分のすべての子どもたちに示しておられる、いつくしみという基準です。

　主に結ばれて、善意あるすべての人と、また、異なる宗教を信じる人々と、協力と対話を欠かさずにいたならば、わたしたちは、すべてのいのちを、よりいっそう守り世話する、社会の預言的パン種となれるでしょう。

③二〇一九年一一月二五日、東日本大震災被災者との集いにおける講話

　この時代は、技術の進歩を人間の進歩の尺度にしたいという誘惑を受けています。進

歩と発展のこの「技術主義」は、人々の生活と社会の仕組みを形成します。……したがって、このようなときには、立ち止まり、じっくり考え、振り返ってみることが大切です。わたしたちは何者なのか、そしてできればより批判的に、どのような者になりたいのかを省みるのが大事なのです。わたしたちの後に生まれる人々に、どのような世界を残したいですか。何を遺産としたいですか。お年寄りの知恵と経験が、若い人の熱意とやる気とともに、異なるまなざしを培う助けとなってくれます。いのちという贈り物を尊ぶ助けとなるまなざしです。さらに、ユニークで、多民族、多文化である人類家族として、わたしたちの兄弟姉妹との連帯を培うことも助けてくれるのです。

わたしたちの共通の家の未来について考えるなら、ただただ利己的な決断は下せないこと、わたしたちには未来の世代に対して大きな責任があることに気づかなければなりません。その意味でわたしたちは、控えめで慎ましい生き方を選択することが求められています。それは、向き合うべき緊急事態にこたえた生き方です。(東日本大震災の地震、津波、原発事故という三重災害の被災者である)敏子さん、徳雲さん、全生さんは、未来のための新たな道を見つける必要をわたしたちに思い出させてくれました。一人ひとりを大切に、そして自然界を大切にする心に基づく道です。……

愛する兄弟姉妹の皆さん。三重災害後の復興と再建の継続的な仕事においては、多くの手と多くの心を、あたかも一つであるかのように一致させなければなりません。こうして苦しむ被災者は、助けを得て、自分たちが忘れられてはいないと知るはずです。多くの人が、実際に、確実に、被災者の痛みをともに担ってくれていることを、兄弟として助けるために手を差し伸べ続けていることを知るでしょう。あらためて、大げさにではなく飾らない姿勢で、被災者の重荷を和らげようと尽くしたすべての皆さんに、賛美と感謝を申し上げます。そのような思いやりが、すべての人が未来に希望と安定と安心を得るための、歩むべき道のりとなりますように。

(四) イスラームの持つ意味

イスラームは日本ではせいぜい一〇〇年の歴史であり、まだ新しい宗教と言える。だから海外のテロ騒動との関係から、耳目にするようになった人も少なくないだろう。逆に言えば、イスラームの日本に対する健全で善良な貢献として期待できる事柄を列記しておくことは、いわば今後へ向けて良いとこ取りのショッピング・リストのようなものである。少なくとも日本の宗教事情に、それが一抹の清涼剤のような効果をもたらしてくれることを期待したい。

そこで以下では、新たな人生観と世界観という分野に関するそのようなリストを掲げておきたい。イスラームは日本に多様な新しい人生観をもたらしてくれるだろう。イスラームの教えは一般に簡単明瞭であり、それによると日本では様々に議論されている多くのことが、ほとんど瞬時に氷解することになるのではないかと予想する。

ア．死生観と存在感

絶対主アッラーの「有れ」という一言の命令によって、宇宙万物すべてが創造されて、存在するというのが、イスラームの世界観であり、宇宙観である。それ以外の何物でもない。科学によって一部ずつ解明されるとしても、すべての秩序と運行振りを説明できるには至っていないし、それを期待し予想されるとは多くの科学者自身考えていない。一気呵成にすべては生まれた、の一言ですべてが尽くされる。

そしてすべては究極のところ死滅させられる。それが最後の日である。すべてが崩壊した後に、再び復活させられて、主の下の審判にかけられるのである。ただしこの最後の日がいつ来るのかは、誰も知らない。それは主の専権であり、神のみぞ知る。人はただその日に備えて、善行を積むことだけが務めとされる。以上が死生観であり、人生観のすべてである。

こうしてみると、日本の流れる水の如しとして、流れに身を任せる感覚と、イスラームの明確な存在感や死生観、そして善行蓄積の義務感とは、かけ離れていることは確かである。

因みにいまだにイスラーム諸国は世界的に見て、自殺率は中南米と同程度に低いものとなっている。一方日本は、G7諸国中、最大である。

イ．生きがい

イスラームでは、生きがいという用語ではなく、人生の目的という言い方で表現される。人生には目的があるのであり、アッラーは無目的に人を創造されたのではないとクルアーンに繰り返される。ではその目的とは何か、それは試練に耐えるという一言である。人は試されるために生まれ落ちたのである。悪行しか知らない悪魔と、善行しか知らない天使の間にあって、人間は楽園に行くこともできるし、地獄に落ちるかもしれない存在として創造されたのだ。

それを人間の側から置きなおしてみると、正しい道を歩むか、それを踏み外すかの違いであり、その選択は本人の問題である。だから道を誤ることがないように、幾多の教えが啓示されているという仕組みなのである。この構造や諸関係を理解するのに、何ら苦労はいらないし、単純明快であり、誰でも自らの意思さえ確かめれば済むのである。

一つの善行は何十倍にも計算されるし、他方悪行が加算されて清算されることはない、という。ここにアッラーの慈悲心が現れている。人は間違いを犯すようにできているが、それを悔い改めればすなわち許されて、正道に立ち戻ることもできる。ここにイスラームの人生のリセット力が発揮されて、全体に明快晴朗である。

イスラーム諸国では、鬱《うつ》になり、ふさぎ込んでいる人はほとんど見受けることがない。社会欄で問題になることも、事例を知らない。精神的な病という意味では不可避な面はあるのであろうが、社会全体の気運やネットワークがそういった事態を回避させている面が多分にあるのであろう。

ウ．安寧

生老病死という四大苦を乗り越えて、煩悩を超越し解脱して、すべてをあるがままに受け入れることができる解脱という心境が、仏教で説かれる。それは悟りの境地とも言われる。イスラームでもほぼ同様な心境が語られて、それは安寧と称される。安寧は、山あり谷ありの人生を達観し、不動の心構えが備わることである。安寧の心はよほど快適と思われるが、それが楽園での全員の心境だそうだ。現世でも安寧は訪れるが、それはどこまで行っても一時的なもの。それに比べて、来世の安寧は永久に持続するところが異なっている。この永続する安寧のことは、至福（トゥーバー）と表現されて、クルアーンでもただの一回だけ登場する用語である。至福は究極の幸福とも位置付けられる。

この安寧は何年も座禅を組んで瞑想に耽った結果訪れるという、稀有なものでないことは確かである。また特殊な人に限られているわけでもない。結局それは積み上げられた善行の裏面であり、誰しもが目標として定められるものである。安寧は絶対主に全身全霊打ち込み、それで得られる安定感といったものとも言えそうだ。毎日の礼拝における心境も、安寧の具体的な場面である。対比すれば、安寧の日常性と悟りの非日常性の違いとも言えるだろう。

エ．看取り

昨今日本では、看取りがしきりに話題を呼ぶテーマになっている。音楽を利用したり、詩歌を吟じたり、あらゆる手法が有効である限り是認されるのだろう。イスラームでは、看取りという用語さえ見当たらない。それは一般的な、介護の一部として捉えることも可能だろうが、そのような位置づけがされているわけでもない。要するに看取りを検討する余地もなければ、その必要性も語られていないということである。その理由はこれも簡単明瞭で、アッラーに帰されるのが人間の死の意味であるから、看取る方も看取られる方も、それ以上に色々思案する必要がないということである。具体的に言えば、双方が声を合わせてクルアーンを読誦すれば、それだけで何も過不足ないという状態である。

実際著者も日本で看取りの議論やその様子などを見ると、これは大変なことだと同情してしまう。拠り所のなさ、あるいは不明確さがそうさせているのだと思わざるを得ないのである。昔は日本でも死の枕にある人が、南無阿弥陀仏を繰り返し口にすることがあったのとほぼ同様に、アッラーを唱え、クルアーンの読誦をする。そうしていれば、万全の保険に入っているようなものだと、観念できるのである。それは安寧と、不安感の除去された安心を同時に享受することができる状態である。

オ．共同体意識

日本で郷愁を呼ぶことの一つに、村や町のみんなで祝った祭りごとであろう。もちろん今も盛んなところも少なくないし、観光産業のためにも復活されるものもある。ただし誰しもわかっていることは、昔の祭りは日常生活の延長で、隣近所の人びとの村や町の中の行事だったということだ。そのためだけに集まり、久しぶりに顔を合わせるという現代のパターンではなったのだ。

失われた共同の社会の価値は再び見直されているといえるのではないだろうか。最近、世の中を騒がせているのは、新型コロナ・ウイルス感染対策であり、台風、洪水、地震や津波といった自然災害への対策、さらには上昇志向に染まった近代社会とそぐわない若人たちの行きどころのなさの問題などである。組織化社会はどこでもその組織に漏れる一群の人びとを同時に生み出すこととなるが、組織を構築してそれを維持運営するということは、一方でそれで救われない人たちへの手立ても準備しないと問題が生じること必定である。それは片手落ちといった精神論よりは、その社会の歪みであり、不満と不安定の源泉となるからだ。

現代のボランティア活動はこのような社会の穴を埋めるために、貴重な役割を果たしているといわなければならない。要点はその活動のスピリットである。博愛主義的な人もいれば、人道主義的な人たちもおられるだろうし、奉仕活動はそれらを糾合しつつ展開されている。しかしそこであまり見られないと思われるのは、共同社会の動機である。

それは何か、改めて考え直さないと実像が浮かばないほどに、われわれはその実態からは遠ざかってしまった時代に生きているということになる。簡単に言うと、昔の村であり、都市の町内会的な組織をベースとして、遥かに毎日の生活を基礎に置いた社会であり、それを土台とした協力関係である。生活がベースなのだから、それは共に生きているということ自体への喜びである。安堵感であり、同胞感である。

イスラームでは、この同胞感が非常に前面に出されることに注目したい。主要な宗教行事はすべて、近隣社会との付き合いの中で実施されるといえよう。喜捨、断食、礼拝、そして巡礼も仲間とのグループ・ツアーである。

著者の住む横浜には、全国的にも有名な中華街がある。独特の雰囲気と人間臭さが感じられるところとして、人気を集めている。それに類似した感覚が、イスラームの町々には息づいているところが多い。日本にはまだムスリム・タウンというものがないので、ここで文章を読まれている読者方々には、遺憾ながら伝わりにくい面があるのは、何ともどかしい限りだ。この共同体意識こそは、新たな日本にもっと正面から注入してよい要素であると考えられるのだ。またそれはしきりに呼び掛けられる、地方再生にも直結している課題であり、その基礎となる重要な側面である。

カ．国際的視野

イスラーム協力機構という国際組織が政府レベルで結成されている。その加盟国はムスリムが国民の多数を占める中東、アジア、アフリカなど、五七ケ国などからなり、世界のムスリムの大部分を代表している。またムスリム世界連盟という民間団体が、サウジアラビアのマッカに本部を置いて、世界のムスリム諸団体の連携を図っている。イスラームの原点に当たる場所に本拠地を置いて、宗務はもとより災害対策など多様な人道的活動も展開している。またしきりにタイムリーな国際会議を開いて、世界のイスラームを巡る世論の指導にもあたろうと努めてきている。特にテロ事件が多発した頃には、それらはイスラームの拒否するものであるとのメッセージを世界に送り続けた。

以上の大規模な組織に限らず、世界には実に多様なムスリム関係諸団体が、分野別、あるいは地域別に構築されてきている。アカデミックなものもあれば、実践活動を主にしているものもある。いずれであれそれらの多くは、互いにネットで連携されているので、イスラーム・ネットワークは地球上のどのような小さなところも漏らさずに、覆っているといった様相である。

ところで日本もそろそろそのようなネットワークに組み込まれてきたのである。ほとんどの日本人には無縁に近い世界が、実はネット経由で身近に開かれているということになる。砂漠の小さな事件なども、日本国内の交通事故と同様な迫力をもって身に迫ってくると、明らかにそれは見る人、聞く人の耳目を打ち開いてくれる。時事的なものに限らず、各種研究論文、討論、インタビュー、記録映画などなどがある。

日本は島国として、文化、文明的に取り残される現象は、今もって変わらない。「井戸の中の蛙」になりがちなのだ。デジタル化の遅れは、新型コロナ・ウイルスの騒ぎでテレワークが必要となってから、ようやく自覚され始めたことは誰しも知っている。日本は進んでいるといった甘い幻想は、地政的にこれからも拭い去ることはできない運命だ。イスラーム諸国民との連係や協力は日本の国民的視野を拡大して、このようなガラパゴス現象を回避させてくれる一助ともなるのだ。

キ．情緒性より論理性

よく言われることとして、日本固有の思考パターンは、感性を基礎として曖昧さをいとわない情緒的なものであるということだ。源氏物語の連綿と続く話は、何かの構造や特定の論旨が一貫しているとは言えないものだ。あえて言えば、それを支配しているのは、流れる情緒だということになるのだろう。そう言いつつ、情緒しかないというわけではない。これも相対的なものだからである。ただし逆に、日本人は論理性の勝った、抽象的な思考様式が得意でないことも確かであろう。

それではイスラームは、情緒性を排した論理性豊かなものなのであろうか。それも全面的にはそうは言えない。感情移入のない産物に、人が感動し、心の底から動かされることは稀であるし、ましてて十幾世紀に渉りそれに対して、大衆レベルからの篤い支持、支援が継続されることは考えられない。

他方、イスラームは論理重視として捉えられることが少なくない。それは多分にイスラームの外の世界における、研究者の言うことである。しかし日本の思考様式との対比で見た場合には、やはり論理性が感じられるというのは当たっている。イスラームでは論理的な文法学や辞書編纂、そして膨大な法学が、七～八世紀のイスラーム初期より非常に発達させられた。それは神の言葉を探求する高邁な営みでもあった。他方、日本語辞書は、一七世紀、ポルトガル人の手による日葡辞書がその事始めであるのとは、比較にならない。

情緒的であることは、曖昧表現を互いに大いに許すのみならず、その曖昧さを楽しむようにもなっていると見られる。曖昧さが人間関係の潤滑油となっているのである。あるいは、日本人同士はそうであると考えることが多い。本当にそうかどうかは、しっかりと国語学者が検証してくれるのを待つにしても、国民感情に反するせいか、あまりそういったことにはメスを入れたがらないようでもある。例えばコロナ・ウイルス対策の一環で自粛が求められた際に、感染病学者たちは八割の外出自粛を悲壮な表情で訴えているのに対して、政治レベルの発表では「七割から八割」と値引くような事例である。相手はウイルスであるという科学の課題に向かって手心を加えているのには、少なからず煮え切らない姿勢として多くの人が苛立ちを覚えた。あるいは、「……させて頂きます」という表現が好まれるようになった。相手の了承を求める必要もない脈絡での使用は、言い逃れや責任転嫁としか聞こえない。しかしそれも頻発すると、それが謙譲用語として聞こえてくるから不思議である。でもそれは、日本語の破壊に過ぎない。

ちょっとした言い回しから重要事項の判断まで、これからの日本では論理の勝った言動が身を救う場合が少なくないだろう。ずるずると周りに押されて開戦に異論を唱えなかったことへの反省が、有識者の間で敗戦直後はよく聞かれた。しかしそれも昨今はほとんど聞かれなくなってしまった。

【註】

（86）https://sites.google.com/site/syuenrenindex/% 宗援連ＨＰ、二〇二二年六月二二日検索。

（87）「臨床宗教師は日本の風土に根付くか」、宗教新聞、二〇二二年、三月一〇日付け。そこには、「あなたも看取り士に！」という資格認定の一般社団法人日本看取り士会の広告も掲載されている。

（88）この経緯については、拙著『信仰の滴』国書刊行会、二〇二二年。第三章第一節「とある刑務所にて」を参照。また前掲書『イスラームの善と悪』は刑務所内の図書館に納められていたそうだ。

（89）長谷川匡俊『仏教福祉の考察と未来』国書刊行会、二〇二一年。あるいは、里村生英『ミュージック・サナトロジー　やわらかなスピリチュアルケア』春秋社、二〇二一年。

（90）加藤眞三「医療と信仰」、水谷周著『信仰の滴』国書刊行会、二〇二二年。第五章第二節。

（91）江藤淳「『戦後民主主義』の呪い」、『諸君！』一九九四年一月号。なお同誌は左右両翼に論壇を提供し、天皇批判以外なら何でも書けると言われたこともあったが、二〇〇九年、出版元の文藝春秋社全体の経営方針の練り直しの一貫として廃刊となった。

(92)『戦後日本社会の誕生』橋本健二編、弘文堂、二〇一五年。広範な課題を正面から取り上げているという意味では類をあまり見ない。しかし社会構造変化の計量分析で、分野別の整理になっている。また「社会改革」という総合的包括的な概念は示されていない。現代の総合的な研究には、さらに数十年単位の時間が過ぎる必要があるのであろう。

(93)ロナルド・ドーア『幻滅―外国人社会学者が見た戦後日本七〇年』藤原書店、二〇一四年。前述の『江戸時代の教育』で広く知られた英人研究者の著作であるが、彼は当初は親日家扱いされたが、一九八一年、鈴木善幸首相の訪米時に両国の同盟関係が初めて正式に表明された時点から、日本の右傾化に嫌気がさし始めたとのこと。米型構造改造の推進、自衛隊の成長とシビリアン・コントロールの希薄化、軍国主義傾向などが指摘される。いずれにしても、江藤淳の戦後改革の変質に対する失望感と呼応している面が注目される。

(94)この個所を執筆した直後の、二〇二二年七月八日、安倍元総理の銃殺という衝撃的な事件が起ったのには、何か不思議なつながりを感じさせる。二〇二〇年八月二八日、総理辞任表明の記者会見においては、「政権の私物化はですね、あってはならないことでありますし、私は政権を私物化したというつもりは全くありませんし、私物化もしておりません。」と明言されていたことを特記する。

(95)日本人特殊論は、時に噴出する火山のマグマのようなもので、今後とも繰り返されるだろう。それは右寄りの愛国主義や国家主義に傾くことが多い。他方、戦後の日本には世界市民的（コスモポリタン）な思潮も強かった。人は共通の側面と固有な側面を併せ持っているのは当然。また現世の人間に関して、絶対の原則や基準は難しい。人生大半の事柄と同様、ここでも人として柔軟な思考によるバランス感覚が求められる。

(96) ただし「国家神道」は元来、連合軍最高司令部が国家的な非宗教的祭祀として扱われてきた神道の一派（神社神道）という意味で持ちだした用語であった。それは伊勢神宮の傘下に入らない天理教、金光教、大本など独立系の神道の一三派（教派神道）と対置された。しかしその後、神社神道に皇室祭祀、天皇崇拝、国体の理念なども含めた、広義の用法も出てきた。ここでは広義の用法に従っている。

(97) それにしても旧統一教会の問題を巡っては、宗教界自身からの発言が聞かれないことも明記しておきたい。日本における宗教活動のあるべき姿という視点から宗教界のまとまった見解が出されてしかるべきである。それはオウム真理教事件の時も同様であった。ここには政治社会問題に対する宗教界の萎縮気味な姿勢が如実に表れていると言えよう。

(98) 憲法第二〇条第一項の「信教の自由は、何人に対してもこれを保障する。いかなる宗教団体も、国から特権を受け、又は政治上の権力を行使してはならない。」の後段「政治上の権力を行使してはならない」については、前段にある国権行使の場面において、宗教に介入し、または関与することを排除する趣旨であり、宗教団体が政治活動をすることも排除している趣旨ではない旨の政府見解が、国会答弁のかたちで表明された。経済団体が政治活動をするのと同レベルの話ということ。ただし団体の中でも宗教法人は、政治活動を主たる事業内容とするなど、布教自身から離れることは宗教法人設立の趣旨に合わず定款上も問題であり、また免税措置の対象である施設や資産の利用も問題視される。詳しくは、前掲書、中野毅『戦後日本の宗教と政治』二〇九頁、脚注（一九）参照。

（99）https://ja.wikipedia.org/wiki/平良修牧師の祈りのことば、二〇二二年六月二一日検索。

（100）詳しくは、寺田喜朗「日本会議と創価学会―安倍政権を支持するコミュニティー」、『現代宗教』二〇一七年。一〇一―一二五頁所収。

（101）本文の一覧で尽くされたわけではない。国際宗教同志会は、一九四七年に宗教間対話を目的として設立された。同志社大学総長が発起人となり、その後多数の協力が実現している。本部事務所は大阪の金光教泉尾教会。真宗、浄土宗、天理教、臨済宗、真言宗、カトリック教、一燈園、住吉神社など。世界宗教者平和会議（ＷＣＲＰ）の母体の一つとなり、自らもダライ・ラマとの対談など、国際交流を進め、二〇二二年には設立七五年周年記念行事を実施した。しかし任意団体のステイタスは変わりない。

（102）「ロシアのウクライナ侵攻に対する宗教界の動き」、『ラーク便り―日本と世界の宗教ニュースを読み解く』、第九四号。二〇二二年五月三一日。四四―四九頁。

（103）https://www.cbcj.catholic.jp/category/document/docpope/popeinjapan2019/「カトリック中央協議

会」の暫定訳抜粋。二〇二二年六月二七日検索。

(104)西欧世界ではキリスト教信仰と科学の発達は、二極対立のように捉えられがちであった。しかしイスラームの場合は同じ一神教でも、事情は全く異なっていた。科学との融和的な関係を維持してきたイスラームの立場や発想は、改めて世界的に評価の価値があるだろう。拙著、前掲書『信仰の滴』第五章第五節参照。

(105)周知だが、夏目漱石『草枕』の冒頭を挙げる。「智に働けば角が立つ。情に棹させば流される。意地を通せば窮屈だ。とかくに人の世は住みにくい。」

四、次世代の訴え

本章は、次世代の篤信家や研究者たちの寄稿である（それ以前の世代の特別寄稿をコラムとして追記）。いずれも日頃の思いをみずみずしく自由に綴った内容である。そのような信仰を巡る言葉を社会に向けて発信することは、将来に向けて大切な種子を植え付けているようなものである。それらのかけがえのない種子に、耳目を傾けてみたいのである。そこから次の日本の新章が垣間見えてくるのではないだろうか。

（一）イスラームの探求

兼定　愛

はじめに

日本ではしばしば、「神様」のイメージが曖昧である。私は、幼少期から様々な局面でそう感じていた。最近は、大学で数年間担当した授業でのアンケートなどを通じて、その感覚が自分より一回り若い世代にも共通するものであることを実感している。多くの人が、神様について、いつ誰に教わったかも分からず、その実像について関心もない。それでも、困った時に願えば助けてくれる存在として信じている。

神様との向き合い方におけるこのような「緩さ」を、「寛容さ」の同義語と捉えて誇《ほこ》る人もいる。私も、その「緩さ」が美しいと感じることがある。言語化して輪郭を与える行為を避けることで、神様のイメージを陳腐化させず、手の届かない星の輝きのように、高尚なままにしておける。また、神様のイメージの曖昧さには、おそらく日本語の特徴も関係していると思われる。アラビア語圏には、アッラーについての美しい表現が豊富にあるが、日本語に直訳すると不自然になってしまう。

しかし、そうであるからと言って、「日本語では神様について言語化すべきでない」とは思わない。イスラームや神様についての、日本語で書かれた美しい文章はたくさん存在する。ただ、素人技では難しいということである。そのため、私自身も、それらについて日本語で表現する術を、生涯にわたって鍛錬したいと思う。

私がそう思う理由は、その「緩さ」は「危うさ」でもあると考えるからである。つまり、心が安定している時は、神様について善美なイメージを抱き、幸福や希望を感じられる。しかし、心が安定せず幸せを見出せない時、あるいは、人生に絶望しそうな時、ぼんやりとしたイメージとしての神様は、暴走する自我にかき消されてしまうのではないか。つまり、肝心な時に、心の中のどこにも頼れる神様が見つからないことへの懸念がある。私たちの状況や状態がどうであれ、必ずそばにいて受け止めてくれるほどに懐の深い神様の、明確なイメージが必要であると私は思う。

「心が安定せず幸せを見出せない時」や「人生に絶望しそうな時」が自分には起こらないと言う人もいる。しかし、現実問題として、現代の日本社会では自殺が深刻な問題であり続けている。その主な要因が鬱病《うつびょう》であるが、日本では今、五人に一人が、一生のうちに何らかの精神疾患を経験すると言われている。仮に自分が元気でも、家族や友人など、大切な人のリスクまで計上すると、そのような心の状態に無関係でいられる人は稀である。

そんな私たちであるからこそ、人生を生き抜くための根源的な支えとなり得る種類の神様について考えることに価値を見出せる。イスラームにおける神様、つまり「アッラー」は、絶対的な存在である。何が失われても失われず、最も遠くに在りつつ最も近くに在り、しかも最も慈悲深いという、ある意味「後出しじゃんけん」のような最強の存在である。また、アッラーのイメージは、私たちが誰であろうと、「絶対的な希望」となり得る。勿論それは受け手次第であるが、少なくとも、絶望せずに人生を生き抜くためのヒントをくれることは確かだろう。

本稿は、そのような意味においてイスラームを追い求めている筆者が、日本に生きる一人のムスリムのイスラーム観について読者と共有できることを願い、イスラームに関心を抱いたきっかけや、信仰を巡る思いについて、自由に綴るものである。そうした趣旨であるため、個人的な経験談や主観が多く含まれる点はご了承いただきたい。

生きる意味への関心

私は小学生の頃から、世界の貧困や紛争について関心を持って学んでいた。ある時、授業中にアフリカの子どもが飢餓に苦しむ様子を伝える映像教材を視聴した。食糧を積んだ国連のトラックが、途中で強奪に遭い、援助が阻止される。子どもたちは餓死し、大人たちは嘆き悲しむ。「遠い国の話でも、他人事と思ってはいけません」と先生が言うと、私は、清潔な服を着て、美味しい物を食べ、安全な家に住み学校に通う自分の環境のありがたさを実感した。同時に、無邪気に幸せを感じていた自分が恥ずかしくなり、人の悲しみも知らず生きていることへの罪悪感が生まれた。また、「あの子が生きられず私が生きていること」に疑問を抱いた。

数分後、そんな現実はなかったかのように、楽しく給食を食べる。それでも、ふと遠くの国の可哀想な子どもを思い、胸が詰まる。しかし、悲しみに浸っていることは許されない。元気に遊び、集中して勉強し、家族と幸せに食卓を囲む。それができなければ、身近にいる大切な人々を悲しませてしまう。なので、名前も知らない遠くの人々の悲しみを忘れようと努めて、目の前のことに集中する。しかし数日後には、「忘れるな!」と言うように、貧困や紛争に苦しむまた別の子どもたちの映像が飛び込んでくる。私自身も、いつかそんな現実を変えるために、そのような悲しみを忘れてはいけないと思っていた。しかし、それらの悲しみが徐々に、抱えきれない重さになっていくのを感じていた。

中学生の頃、米国同時多発テロ事件(二〇〇一年)と二〇〇三年に始まるイラク戦争が連日の報道を騒がせた。国連の存在を理想化していた無知な私は、安保理決議の採択無しに米英がイラクへの軍事侵攻に踏み切るとは思っていなかった。日本の首相が軍事侵攻支持を表明したことも、誤射や誤爆で民間人が殺され続けることも、嬉々として兵器の殺傷能力を語る軍需産業関係者の姿も、すべて衝撃的で、罪悪感の中で絶望的な気持ちになった。

そのような心理状態を経て、「生きる意味」への関心が高まった。もしも、自分が生きていることに明確な意味があるとして、それを理解できたなら、この先も経験し続けるであろうこのやり場のない罪悪感を超えて、胸を張って生きていける気がした。高校生の頃もその関心は続いていたが、うまく言葉にできず、心にしまっておいた。

しかし、大学生になると、人生に絶望する若者を身近に感じる経験をした。そのうちの一人とは、日々顔を合わせれば話をする仲であった。彼女は生きづらさを口にすることもあったが、知らないうちに命を絶ってしまうとは想像もしなかった。知らせを聞いても実感が湧かず、私にできることは何もなく、不思議な気持ちで淡々と大学生活を続けた。彼女らの心の内側は誰にも知り得ず、詮索しても仕方がない。ただ私は、物理的な豊かさの陰で絶望する人と、物理的な貧しさの中で希望を抱く人との境目について考えた。そして、「生きる意味」に向き合うべく、心理学や精神分析の書籍を手当たり次第に読み始めた。

イスラームとの出会い

「生きる意味」については、あくまで個人的な関心として、大学の研究とは切り離して考えていた。私は、対中東外交について研究することを志して大学に入学した。米国同時多発テロ事件以降、イスラーム世界との平和構築に関心を持ったためである。それを理由にイスラームとアラビア語を学び始め、約一年が経った二〇〇九年三月、イエメン、レバノン、シリアを巡る語学研修に参加する機会を得た。

研修は素晴らしい経験となった。特に印象的であった出来事は、イエメンのサナア大学で、女子学生と話した時のことである。互いについて尋ね合う一環で、私は、「アメリカは好き？」と尋ねた。彼女は、「好きよ。イスラームとは、アッラーがこの世界に創造したすべてを愛することだから」と言った。ピンと来ていない私に、彼女は、ノートとペンを使って丁寧に説明してくれた。その時、ほとんど報道を通してしかイスラームに触れてこなかった私の中で、偏見が肥大化していたことを痛感した。平和を望んでいるつもりの私は、傲慢《ごうまん》にも、自分は偏見を抱いていないと思い込んでいた。しかし実際には、心のどこかで、イスラームを平和の阻害要因と見なし、ムスリムを狂信的で理解し難い人と思っていた。イスラームとは「すべてを愛すること」であるという説明の仕方があるとは考えてもみなかった。

その後も、現地で出会ったムスリムの、アッラーへの純粋な愛を垣間見て驚くことが多かった。そして、私の中で、彼らがすべての基盤とするイスラーム自体への関心が高まった。外交であれ何であれ、ムスリムとの平和構築を考えるには、イスラームの理解が必須であるとさえ感じた。帰国後は、イスラームとアラビア語をより真剣に学んだ。

当時、私たちのキャンパスでは、シリアのアレッポ大学関係の先生方が、学期または年度ごとに交代で来日していた。私がお世話になった先生方は、些細な悩みの相談にも応じてくれる親切な人ばかりであった。ある時私は、他の学生に「日本人はアッラーを理解し得ない」と言われ、反論したい思いをうまく言葉にできず、悲しくなってしまった。そんな時、ある先生は、「奇妙な発言に心を痛めないで。あなたは、「私は真実にしか興味がないの」と言って堂々としているべきよ」と言ってくれた。別の時には、今思えば笑ってしまうが、私は誰かに「ブス」と言われ、傷ついていた。その話を聞いたある先生は、面白がって明るく笑った後、「アッラーは一人一人を最も善美な形に創ったのだから、他人や自分がどう思おうが、すべての人間は最高に美しいのよ」と教えてくれた。むしろ先生は、善美なものが醜く見えてしまうような憐れな人を思い遣る優しさまで教えてくれた。そして、また別の時には、仲間割れにより研究プロジェクトが頓挫しかけて、私は意気消沈していた。すると、ある先生が、「預言者はイスラームを説いて迫害を受け、初期には仲間も少なく、悲しい思いもした。しかし、イスラームという目的の重要性ゆえに、その歩みが止められることはなかった」と話してくれた。それは、真摯《しんし》に取り組んでいる限り、アッラーのもとで真価が認められれば、そのプロジェクトは自然に続いていき、そうでないなら終わるだけなので、私が必要以上に不安を抱えるべきではないという助言であった。

私はムスリムではなかった頃から、クルアーンやハディースに基づくこのような助言に、他にはない種類の説得力を感じていた。また、千年以上にわたり、様々な状況で様々な人間を幾度となく支えてきた言葉としてのクルアーンとその関連テクストに、関心を抱いた。

その後も長期休暇のたびに、様々な国のムスリムと出会った。そこで学んだことの一つが、ムスリムたちの、生きる意味への確信と、それに基づく強く前向きな人生観であった。これほど爽やかに人生を肯定し、それを明確に言語化する文化があることを、私は知らなかった。期せずして、心にしまってきた「生きる意味」への関心が、別の理由で学び始めたイスラームと結びつき、それについてイスラームを軸に探究したいと思った。「生きる意味」を求めてしまう自分の問題、日本の自殺や鬱病の問題、物理的な豊かさの陰でひっそりと絶望する若者の問題。これらと向き合うことは、自身の実存的な不安を浮き彫りにする側面があり、容易ではなかった。しかし、イスラームという基盤があれば、向き合い続けられる気がした。それ以降、自分の研究テーマとして考えをまとめ、イスラームにおける絶望や希望に関する思想の中から、日本社会に生かし得るヒントを探し始めた。

アッラーとの関係

アレッポのムスリムに、悲しみ、絶望、希望についてインタビューを行ったことがある。人生に絶望したことがないと言う人に理由を聞くと、一〇人が一〇人、アッラーへの思いを語った。例えば、「絶望したことはありません。アッラーは絶望する人を愛さないからです。私はアッラーを愛しています。なので、絶望しそうになった時は、アッラーに愛されるために、絶望を乗り越えてより強い人になろうと考えました」といった内容である。こうした言葉に触れる中で、ムスリムの思考回路や心理状態について、もう一歩踏み込んだ理解ができるようになりたいと思った。

そんな時、夏期休暇中に滞在していたアレッポ大学で、ラマダーン月のサウム（日中の断食など）を経験する機会に恵まれた。サウムの意義としては、食糧への感謝、貧者の苦しみへの共感、空腹の共有による連帯と相互扶助の精神の醸成など、様々なものがある。私はそれに加えて、「アッラーと自分との間の約束を守る練習」としての意義を感じた。

「今日もサウムをします」とアッラーに約束したある日、交流センターでのグループワークを終え、四〇度を超える中を歩いて寮の個室に戻った。喉がカラカラで、目の前にあるペットボトルの水を飲みたいという衝動に駆られた。その時、水を飲んでも飲まなくても、それを知るのは私とアッラーだけであることを実感した。アッラーとの約束を、守るか、破るか、という単純な問いに向き合った。結果としては「ただ水を飲まなかっただけ」であるが、その瞬間のことが今も心に残っている。

人間同士の関係にも、ラマダーン特有の喜びがある。現地の学生たちと、ウォーターサーバーの前に立ち、通りかかった友人に「喉乾いた？」と聞き、相手が「うん」と言うと、「どうぞ、どうぞ」と、皆でウォーターサーバーへ誘導する動きをしてふざけて笑い合った。今思えばそれは、人に唆《そそのか》されてもアッラーとの約束を守るという前提の上で成立する冗談として興味深い。市場に行けば、はるばる日本から来た学生がサウムに挑戦しているというだけで店主が喜び、絨毯が半額になった。また、日没を迎え、皆で労《ねぎら》い合いながら飲む水の美味しさは格別である。美味しい糧を創造し与えてくれるアッラーへの、賛美と感謝の気持ちで心が満ちて、思わず「アルハムドゥリッラー（すべての称賛はアッラーへ）」という言葉が漏れる。サウムを通じてイスラームへの理解が少し深まった気がした。

イスラームを信じる

アラビア語を学ぶにつれ、クルアーンには、私が日本社会で学んできた大切なことが明記されていることに気付いた。約束を守る、弱者を助ける、人に親切にする、親孝行する、清潔を保つ、穏やかな言動を心掛ける、といった要素が、美しい文章で綴られ、千年以上に渡り、一言一句変わらず保持されている。いつしかクルアーンは、私にとって、生涯手放したくない宝物になっていた。私は、日本社会で育つ中で学んだそれらの大切なことを、心に余裕がある時には実践できても、余裕がない時には忘れがちであった。そしていつか、忘れたことにも気付けないほどに思い出せなくなることが怖かった。だからこそ、「書かれた物」としてのクルアーンの存在に惹かれた。

その上で、六信五行についても、納得できたものから取り入れた。例えば、ザカート（定めの施し）については、年に一度は皆で貧困について考え、余裕があれば直接または間接的に施すことが義務付けられていることの社会的意義に納得した。サラート（一日五回の礼拝）については、その頻度でアッラーを想えば、忘れっぽい私でも忘れずにいられると思い、合理的な手段として納得した。ただし、シャハーダ（信仰告白）だけは保留にしていた。「ムスリムになる」という言葉の重みを私は受け止められなかったためである。

結局、信仰を明言したのは、イスラームを学んで六年目であった。直前の二年間は特に悩んだ。ムスリムとは、「大切な自分自身を丸ごとアッラーに委ねる人」といった意味である。当時の私の感覚では、「生涯ムスリムとして頑張ります」とアッラーに宣言することは、喜ばしいことでしかなかった。しかし、それが大切な家族や日本の友人に伝わった際に生じる誤解や心の距離を恐れた。私は、「親しみやすい人」と思われたいと思って生きてきたし、ある程度周りの目を気にする性格である。そのため、ムスリムであるがために、「狂信的で理解し難い人」というレッテルを貼られることを想像すると、耐え難かった。日本で一般人が無自覚ゆえに偏見を持ち続けることについて、自分がかつてそうであったからこそ、仕方なさを感じていた。私は奇跡的に、イスラームを学び善良なムスリムと出会う機会に恵まれたが、それがなければ、きっと未だに偏見を抱いている。

こんな思いは、誰にも話すべきでないと思った。ムスリムに対しては失礼であるし、ムスリムでない人に説明できる自信はない。しかし、遂に抱えきれなくなり、シリア人の先生に話した。気付くと先生は私と一緒に涙を流してくれていた。「これは幸せのための美しい涙よ」と言い、「心配しなくて大丈夫。どんな時も、アッラーは心の内側まで知っているし、最善のタイミングを教えてくれるはず。その時はきっと、心を痛めず自然とシャハーダできるから。今はただ、安心して待ちましょう」と助言をくれた。先に述べたいくつかの懸念は、その後安心して学び続ける中で、徐々に知識によってカバーできるようになった。

しかし、ムスリムになったと親に伝えた際には随分心配をかけた。イスラームでは親孝行が義務であるため、「親を悲しませている自分の行いは、イスラームのようでありながら実は逆のことなのでは」と不安になった。自分なりに真摯に説明したが、理屈ではない部分が難しかった。しかし結局は、「もうアッラーに任せるしかない」と思い至った。その時、自分にできる唯一のことは、親を悲しませた分、喜ばせることであると気付いた。それまで以上に、親孝行の機会を逃さないよう気を付けた。そして、ありがたいことに、二年後にはイスラームについてさえ楽しく話せるようになった。また、友人への伝え方について気を採んだ時期もあったが、結局は、言いたければ言い、敢えて隠しはしないが、聞かれなければ言わず、それで困ることはない。例えば、飲酒しない理由や、公の場で胸や脚を露出しない理由について、イスラーム的な用語を使わずとも、社会的に一定の節度を重視する個人の意見として率直に話すことができる。

入信を巡る悩みはその程度で、それさえも実は、親孝行について真剣に考えることや、周りに流され過ぎないことの大切さに気付くための貴重な経験であった。また、それよりはるかに重要な視点を得た。その一つが、本稿で述べてきた、悲しみとの向き合い方に関するものである。人間の心には容量があり、限界が来ると溢れてしまう。一方でアッラーとは、無限の懐の大きさを持つ存在である。イスラームは、小さな人間が抱くには大き過ぎる悲しみを、何よりも大きなアッラーが預かってくれることを教えている。どんな時でもアッラーが共に在ることを確信すればこそ、私は安心して、悲しみとさえ対峙《たいじ》できる。そして、いつか遠くの誰かの悲しみを癒す力になれる可能性を信じて、「アッラーに生かされている者」としての責任を果たすために努力できる。

おわりに

いろいろと書き連ねたが、イスラームとは何か、本当は誰も知らない。アッラーの知が無限であり、人間の知が有限である以上、アッラーについて、あるいは「アッラーへの服従」を意味するイスラームについて、全貌の把握は不可能であろう。つまり、イスラームを知りたければ、クルアーンの章句の中に、そして、この世界のあらゆる現象の中に、アッラーの徴《しるし》を探求し、読み解かなければならない。だからこそ私は、この世界は、絶望的に見えてもなお輝かしいものであると思う。生きているうちに、つまり、世界中に秘められたその徴の探求を許されているうちに、アッラーについて、あとどれくらい知ることができるだろう。そう思うと、この世界を心からいとしく感じられる。

※本稿では、慶應義塾大学湘南藤沢キャンパスにおいて提供された、現地研修やアラブ人との交流の機会に基づく話を多数紹介した。環境を整備し、学生を指導して下さった先生や先輩方のご尽力は計り知れず、筆舌に尽くしがたい感謝の念と敬意を抱いている。今後もイスラーム研究に励み、自らが享受したような学びの機会を後輩たちに提供することをもって、僅かでも恩返しができるよう尽力したい。

（二）やさしくイスラームを知る

杉本恭一郎

イスラームの意味

イスラームとは「アッラーに従うこと」を意味します。アッラーとは唯一の神、創造主、最善のことです。ではなぜアッラーに従うのでしょうか？　私たちはいつか死にます。死んだらどうなるのでしょうか？　ある人は「死んで終わりだ」と言うかもしれません。しかし死んだ後、生き返って報告した人はいないので、死んだらどうなるかわかりません。だから人間を創造したアッラーが、人間は死んで終わりではないとクルアーン（コーラン）の中で教えました。死んだら来世があり、現世での所業が裁かれる審判の日が来ると警告しているのです。そして善人は天国へと入り、悪人は地獄へと入ります。では天国に入る方法は何でしょうか？　それがアッラー（最善）に従うことです。天国に入るための最も重要な鍵が、「アッラーの他に崇拝に値するものはなく、ムハンマド（アッラーの祝福と平安あれ）はアッラーの使徒である」ことを信じることなのです。イスラームを知ることとは、アッラーとムハンマドを知ること、そして両者をつなぐクルアーンを知ることに他ならないのです。

アッラーがいる証拠

ムスリムはアッラーを崇拝します。そしてアッラーに偶像はありません。では見えないアッラーを人はどのように信じることができるのでしょうか？ 例えば、私たちの身の回りのものには、すべてデザインがあります。私たちの服、家、電化製品、車、自転車など、すべてにデザインが施されています。そしてそれらのデザインには必ずデザイナーがいて、設計されているということです。そこに例外はありません。では私たちの宇宙、動物、植物、人間はどうでしょうか。これらにもすべてユニークなデザインがあります。例えば、人間はゲノムという「生命の設計図」によって構成されていると科学者は言います。設計図とはデザインのことです。だから人間をデザインしたデザイナーがいるはずです。そして人間のデザイナーがアッラーなのです。つまり人間がいることが、アッラーがいる証拠になっているのです。

Mさんからの質問

あるとき筆者はMさんから次のような質問を受けました。

「私（M）は因果を無視した神を信仰するべきではないと考えています。因果は永遠に続いているんですよ。そうしなければまず原因がなく、結果もありませんから。私はキリスト教を信じていました。しかし、神の存在を確かめられないことや、当時私が自殺を図るほど精神的に病んでいたこと、家庭不和、世の中の一つひとつの現象等をキリスト教では解決できないのだ、逆にキリスト教を信仰していれば不幸になってしまう、と道理の通った日蓮正宗の話を聞いて理解しました。なぜ人生に幸不幸が起きてくるのか、イスラム教ではどう捉えているのでしょうか？ また、不幸が起きてきた時にはどうしたらいいのでしょうか？ 聞きたいことはたくさんありますが、一番は神の存在について納得できる説明が欲しいと思っています」

筆者の回答

Mさんはキリスト教徒だったのですね。Mさんには真の神への信仰に戻ってきてほしいです。私は人の心の中までわかりませんが、おそらくキリスト教から離れた理由は、家庭不和が原因として大きいようですね。自殺を図るほど精神的に病んでいた時も、キリスト教では救われなかった。だから神などいないと信じるようになった、ということでしょうか。イスラームの教えを説明する前に、アッラーからMさんに真理を理解する力が与えられますようお祈りいたします。まずは人生に苦難があることについて言及すると、人生に苦難があることは神がいない証拠になりません。クルアーン七章一六八節にこう記されています。

われらはかれらを、地上で（多くの）集団に散り散りにしました。かれらの中、ある人びとは正しい人びとで、ある人びとはそうではありませんでした。かれらが（アッラーに）戻って来るかも知れないと思い、われらは順境と逆境で、かれらを試みました。

つまり人生には順境も逆境もあり、それらは各人に課された試練だということです。そして課せられた試練は各人で異なります。例えば、お金持ちにはお金持ちの試練があり、貧しい人には貧しい人の試練があります。

ではなぜ神は人間に試練を課すのでしょうか？　それは、人間をアッラー（最善）に戻って来させるためです。人間がアッラーのしもべであり、生かされていること（自分が弱いこと）を意識させるためです。来世での天国に向けて更なる善行をさせるためです。もし人生が順境だけであれば、人間はアッラーに感謝することを忘れます。自分が神だと自己中心的になり、謙虚さがなくなるかもしれません。例えば、祈っても祈りが成就しないから神はいないという人がいます。しかしこれは発想が逆です。もし人間が祈ることが全て叶ったら、神が人間の願うことを全て聞き入れる「しもべ」となってしまいます。祈っても、その祈りを受け入れるか否かは、主である神が決めるのです。人間ではありません。人間は神のしもべだからです。そうすることで謙虚さが生まれます。さらには人間が受ける災害や病気による苦痛によって、アッラーはその人の罪を消すという預言者の伝承もあります。「アッラーが誰かに良いことをしたいと願うならば、試練でその人を苦しめます」（アル・ブハーリーの伝承）。「信者に起こる全てのことは、信者の益となるように起こります。また、悪いことが起きても、その時は忍耐すれば、アッラーはその忍耐に報いるでしょう」（アル・ブハーリー、ムスリムの伝承）。ムスリムは良い時も悪い時もアルハムドゥリッラー（アッラーへの感謝）の精神でいることの大切さが教えられているのです。

次に神の存在についての説明をします。納得できるかは自身の心に聞いてください。神に原因がないのは、神に原因があれば、原因が永遠に無限後退してしまい、結果が永遠に生じないからです。結果はすでに目に見えて明らかです。宇宙でも人間でも、これらは結果です。物理学ではビッグバンが宇宙の始まりと説明しますが、ビッグバンにも物理法則があるわけで、法則の原因を見つける必要があります。どこまで遡るかは不明ですが、いずれにしても結果があるので、無限後退しない原因がないと結果は生じません。この無限後退しない原因こそアッラーなのです。アッラーに原因がなければならないというのは人間側の勝手な憶測です。アッラーの教えではありません。宇宙を創っていない人間が宇宙の真理を自分の頭だけで考えるには限界があります。壁の裏に何があるかも人間には見えません。その程度の能力しかないのです。Mさんは「因果は永遠に続いている」とお考えですが、そもそも永遠に続いている因果自体の原因は何かという疑問が残ります。結局は、無限後退しない原因がない限り、結果は説明ができないのです。Mさんの仮説は、因果サークル（物理法則）内だけの発想です。内があれば外があります。そして因果サークルの外にいるのがアッラーなのです。アッラーには原因がないからアッラーなのです。それがアッラーの定義なのです。アッラーの言葉であるクルアーンによれば、アッラーは別名「始まり」であり「終わり」だからです。これ以上原因が遡らない究極の原因なのです（アッラーには始まりがない）。一方、アッラー以外はすべて創造物なので因果に影響されています。

アッラーの唯一性

では神は唯一なのか、他にもたくさん神がいるのかどちらでしょうか？　例えば、誰かがある人の家のドアベルを鳴らしたとします。普通の感覚では、ドアベルが鳴れば、誰かが来たと思います。では何人来たと思うでしょうか？　一人かもしれないし、複数人かもしれません。人数を確認するためには、ドアを開けるか、モニターを見る必要があります。では人間をデザインするために必要な神の数はどうすればわかるのでしょうか。私たちは神を見ることができないので答えようがありません。これが私たちの能力の限界です。だから歴史的な事実に注目します。その事実とはアッラーが人間に話しかけたということです。それが啓示という形で現存します。その一つがクルアーン（コーラン）であり、その中で「アッラーの他に崇拝に値するものはない」と繰り返し述べられているので、アッラーの唯一性を知ることができたのです。

クルアーンの中でアッラーは人間にアッラーのことを教えています。

（ムハンマドよ）言いなさい、かれ、アッラーは、唯一な方。アッラーは永遠で、産むこともなければ、産んでもらったわけでもない。かれに対等なものは、何もないのです。

（一一二章一—四節）

アッラーこそはかれの他に神はなく、かれは永生にして（全存在を）扶養する方です。眠気も睡眠もかれをとらえることはありません。諸天にあるものや、地にあるものは（すべて）かれのものです。かれの許しなく、誰がかれの御元で執り成すことができるでしょうか。かれは、かれら（人びと）のこれからとこれまでをご存知なのです。そしてかれの御心にかなったこと以外、かれの知識からかれらが得ることは何もありません。かれの玉座は諸天と地に果てしなく広がり、またそれら（天と地）を護持することで、かれが疲れることはありません。かれは至高なお方、偉力なお方なのです。（二章二五五節）

このような存在はアッラーの他にはいないのです。

イスラームで偶像（創造物）崇拝が禁じられているのは、崇拝に値しないからです。例えば、ある人は太陽を神だと思って崇拝しています。しかし太陽も五〇億年後には活動を休止して「死の星」になると科学者は言います。では神が死ぬのでしょうか？　それは変なことです。またある宗教では牛を神だとして崇拝しています。でも牛も死にます。では神が死ぬのでしょうか？　それも変なことです。だから死んでしまうものや滅びてしまうものを崇拝の対象にしないのです。死んだらガッカリするからです。

クルアーンは人間の取扱説明書

人間にとってクルアーンとは何でしょうか？　例えば、ある人が新品のパソコンを購入するとします。そこには製品と付属品の他に必ず取扱説明書が付いています。何のためでしょうか？　それはパソコンを壊さないように、正しく使用するためにあります。同じようにアッラーは人間という製品を創造したデザイナー（メーカー）なので、「人間の取扱説明書」を人間のために送ったのです。それがクルアーンです。クルアーンに従うことで、人間は自分と他人を壊さないように、正しく取り扱うことができるのです。クルアーンには人間が人間を正しく機能させるための教えがあります。

例えば、人の命の取り扱いについて、クルアーン四章二九節には「あなた方自身を殺してはいけません」とあり、自殺の禁止が記されています。普通の感覚でも自殺は善くないとわかります。でも毎年日本では数万人の自殺者がいます。だからアッラーが自殺の禁止を言語化する意味があります。また五章三二節には「人一人を殺す者は、全人類を殺したのに等しい、また人一人の命を救う者は、全人類の命を救ったのに等しい」と記されています。他人の命の取り扱いが記されているのです。また二章一七七節には「約束したときは約束を果たしなさい」と記されています。約束を破ると人間関係を壊してしまうので、当たり前のようですが、わざわざ記されています。さらに四九章一二節を読むと、「邪推」と「陰口」の禁止が記されています。これらも人間関係を壊す原因になるので、クルアーンで注意されているのです。

もちろんこれら善の教えは、他の宗教にも共通しているかもしれません。だからある人はどの宗教も教えは同じだと言うかもしれません。しかしイスラームの特徴は、アッラーを崇拝することを優先している点にあります。例えば、ある人は他人の人助けに忙しく、社会のために役立つことをたくさんしました。でも自分の両親は全く気にかけず、世話をしませんでした。この人は本当に善い人なのでしょうか？　同じく、多くの宗教の教えにも人間に善くするようたくさんの教えがあります。でも人間を創ったアッラーを全く無視していて、本当に善い教えと言えるのでしょうか？

なぜアッラーの使徒が必要か？

人間はアッラーの言葉であるクルアーンを読んでもよくわからないということが生じます。だからクルアーンを具体的に教えてくれる先生、お手本、模範もアッラーは全人類に送りました。それがアッラーの使徒もしくは預言者です。例えば、クルアーンには礼拝の命令と重要性について言及されています。でも具体的な礼拝の作法は記されていません。現在約二〇億人のムスリムが礼拝できるのは、ムハンマド（アッラーの祝福と平安あれ）が具体的な礼拝とお清めの作法を教えたからです。彼は天使ジブリールから直接礼拝の作法とお清めの作法を教えてもらったと言われています。しかも最後に遣わされたアッラーの使徒であり預言者がムハンマドです。なぜなら彼でアッラーの啓示は完結・完成したからです（五章三節）。

最も影響力ある人類の模範

アッラーの最後の啓示は人類のものなので、アッラーの使徒は人類の模範となっていないといけません。だからムスリムだけではなく、異教徒の学者によってもムハンマドが高く評価されていないといけません。例えば、ユダヤ教徒の天文物理学者マイケル・H・ハート博士は、『歴史を創った一〇〇人』というランキング本の中で、ムハンマドを世界史上最も影響を与えた人物の中で一位としました（イエスは三位）。それはムハンマドが世界的に偉大な宗教的リーダーと同時に、優れた政治的リーダーだったという理由でした。またノーベル文学賞を受賞したキリスト教徒のジョージ・バーナード・ショーはムハンマドを「人類の救世主」（THE GENUINE ISLAM, Vol.1, No.8, 1936）と呼び、キリスト教徒の歴史家トーマス・カーライルはムハンマドを「英雄」（『英雄崇拝論』）と呼び、キリスト教徒の歴史家アルフォンス・ド・ラマルティーヌはムハンマドを「天才」（『トルコ史』下）と形容したのです。以下はその引用です。

彼（ムハンマド）は、偉大な計画の構想と実行において、自分以外の道具を持たず、砂漠の片隅に住む一握りの人間以外の援助を受けなかった。イスラームはその出現から二世紀も経たないうちにアラビア全土を支配し、神の名のもとにペルシャ、ホラーサーン（現イランの州）、トランシルヴァニア（現ルーマニア）、西インド、シリア、エジプト、アビシニア（現エチオピア）、北アフリカの既知の地域、地中海の多くの島々、スペイン、ガリア（現フランス）の一部を征服した。この人物は、軍隊、法律、帝国、民族、王朝を動かしただけでなく、当時人が住んでいた世界の三分の一の地域の何百万人もの人々を動かし、さらには、神、宗教、思想、信念、魂をも動かしたのである。計画の素晴らしさ、手段の小ささ、結果の広大さが、人間の天才の三つの尺度であるとすれば、人間の偉大さを測るあらゆる基準について、彼より偉大な人間はいるのだろうか？（Alfonso de Lamartine, HISTOIRE DE LA TURQUIE, Paris, 1854, Vol.II, pp.276-277）

このようにムハンマドは異教徒からも人類の模範として高く評価されたのです。

嘘をつく動機がなかった

『預言者伝』に記されているムハンマドと異教徒のウトバとワリードとの会話によると、ムハンマドはイスラームの信仰をやめる取引をすれば、アラブで最高の金持ちになることも、王様になることもできました。でも彼はこの異教徒による提案を拒否しました。つまりお金や権力のためにムハンマドは自らアッラーの使徒だと言ったわけではありませんでした。また彼は悪霊に憑かれたわけでもなく、現世の利益のためでもなく、有名になりたかったわけでもなかったことがわかっています。もし有名になりたければ、詩人と名乗れば、クルアーンの力を借りてアラブ随一の詩人になれたと考えられるからです。

最後に

多くの日本人は、自らがすぐにでもムスリムになれることを知りません。実際には「アッラーの他に崇拝に値するものはなく、ムハンマドはアッラーの使徒である」ことを信じることができれば、即時にムスリムになることができます。もちろんムスリムになることは、すべての戒律を守ることを意味すると日本人は想像します。例えば自分には飲酒を止めることはできないし、豚肉食を止めることはできないからムスリムになれない、といった話はよく聞きます。しかしお酒を飲んでも、豚肉を食べてもムスリムなることはできるのです。なぜなら一〇〇パーセント完璧なムスリムはいないし、善行によって罪が消されていくからです。ただしどうしても赦されない罪があります。それがアッラーを認めないこと、そして偶像(多神）崇拝です（四章四八節）。そしてこの論文で説明してきましたが、アッラーを信じること、偶像崇拝をしないことは難しくないのです。最後に筆者のユーチューブチャンネル（JP ISLAM CHANNEL）に投稿されたコメントを紹介します。

私も入信前はあれこれと考えましたが無駄な時間だった気がします。入信は一からのスタートなので明日からアラビア語を話せて誰もが直ぐ五回の礼拝ができる訳じゃありません。またイスラム教がテロリストのように考えている人もいますがムスリムに触れ入信して見るとそれがただの幻想だという事が分かります。誰も高額の本や壺を売ってこいと言ってくる人は一人もいませんしね。色々と気を使ってもらい相談も親身にして頂き食事を作って食べさせてくれました（家族のような思いやり）。私にとっては素晴らしい宗教だと思っています。イスラム教は一部の勘違い者を除きみんなが一つとなって助け合いながら普通の生活をしています。そんな宗教です。

（三）宗教心は人間の天性ではないのか

前野 直樹

求道の始まりと本稿の主題

「自分はどこから来て、どこへ行くのか」

「何のために生きるのか」

この問いかけが、筆者にとって求道の始まりだった。

後にイスラームに改宗して知ることとなる「天性（フィトラ）」、すなわち自ずと真理を欲し、真理に沿った生き方を望むという、人間誰しもに与えられた天与の感性である。ここではこれを、便宜上「宗教心」としておこう。仏教では、これを「仏性」と言うはずだ。いずれにしても、筆者は特記すべき環境要因なしに先の問いに頭を悩ませ、真剣にその答えを希求した。今では「中二病」と揶揄《やゆ》される思春期の熱い思いがそうさせたのか、筆者は一四歳のころに一度出家を志した。

本稿では、「宗教心は人間の天性ではないのか」をテーマとし、イスラームを日本語話者に伝えるうえで、次世代へ伝えるうえでのより望ましい方法論を模索する糧《かて》としたい。

まずは、筆者がこの思いを抱くに至った経験談を聞いていただこう。

筆者の経験

父方は浄土宗、母方は浄土真宗を奉ずる家であったとはいえ、特に両親や親戚縁者に宗教熱心な人がいたわけではない。自我の芽生えと共に膨らむ孤独感と合わせ、人間の生き死にに関する問いが頭をもたげ始めたのが一三歳のころ。日本に生を受けたという歴史かつ文化的要因からか、仏教に惹かれ、その原初の道に問いへの回答に達する可能性を感じた。中でも、偉人傑物にロールモデルを求めやすい思春期にあったからか、「空海」という人物の天才ぶりに驚嘆かつ感服し、彼のようになりたいと高野山行きを一四歳で決意した。

とはいえ実際は、「お願いだから中学校くらいは卒業してくれ」という親の懇願を前に、出家は断念することとなり、仏教の諸宗派と世界宗教や新興宗教などを読み比べるといった机上の真理探求を続けた。そんな中、己の探求は公平であるべきとの思いから、世界三大宗教として社会科の授業でその概要の一旦を習いつつも、見聞きするメディア情報からは信者同士の争いや厳しい戒律のネガティブなイメージしか持ち合わせていなかったイスラームについても、二、三書物を手に取りはした。しかしながら、それはいずれもイスラームを外から穿《うが》った目でしか見ないオリエンタリスト（東洋学者）によって書かれた本であったため、「イスラームは暴力的で狂信的な宗教だから、見るにも値しない」という偏見を確認する思いにしか至らなかったのである。

そうして中学三年生から高校に入るころには、宗教への情熱は薄れ、自分の具体的な使命を模索する中で、国際政治に関心を持つようになる。やがて英語圏への留学に憧れ、念願叶ってオーストラリアのメルボルンにある姉妹校へ約一年の交換留学生として行くことになった。移民の町であるかの地で筆者は、人生を変える出会いを果たす。恋心を抱いたクラスメートはエジプト出身の移民で、日本語を学んでいた彼女は筆者のことを珍しい友人として家族に何度か紹介してくれたのだった。

寛大なもてなしを受けて心中の偏見を薄めていく中、彼女の家族、特にその兄と父のアプローチが対照的だった。兄は当時、「クルアーンの科学的証明と奇跡」という分野に強い関心を抱いていたようで、しきりに写真解説のついた書物のページを見せてはイスラームの正しさを説得しようと迫ってきた。一方、父親はクルアーンの英訳を筆者に手渡してくれ、「これを読んで、自分で考えてごらん」と言ってくれたのである。これには年の差を超えた人間としての敬意が感じられた。心の琴線に触れたアプローチとして、二九年を経た今も色褪せぬ模範として残っている。

理想の伝達方法とは何か

聖と俗を分けないイスラームには、職業的聖職者は存在しない。あるのは、教育的指導の責任を担う学者であり、伝教の責務は信徒各人にそれぞれの境遇に応じて負わされている。そのため、考えるよりも先に行動に移す同胞の中には、手軽に義務達成感が得られるからか、ストリート・ダアワ（街頭伝教）に精を出す人もいる。特に欧米では、この手法が盛んなようだ。伝統的な日本語にすれば「辻説法」とも言えるこのやり方は、伝教方法としてはむしろ由緒正しいものなのかもしれない。だが、果たして本当にこのやり方が現代社会においても、特にこの日本社会においても理想的なのか、有効なのか、という問いについては、首を大きく横に振らざるを得ないというのが筆者の見解である。

なぜか。それはこの街頭伝教が、「善意の押し売り」だからである。「押し売り」は相手を見ない一方的で独りよがりなものであり、そこに相手への敬意は感じられない。

我々に課せられるのは、明らかな伝達のほかはない。（クルアーン第三六章一七節）

街頭伝教に励むムスリム同胞の多くが引用するのは、クルアーンのこの章句である。「要は義務とされるのは、伝えることなのだ」ということを典拠によって権威付けようというわけだが、実際はこの章句が彼らに対する反証となっていることに思いを至らせる当事者は、残念ながら少ないようだ。それはこの章句が、「明らかな伝達」の重要性を明かすものだからである。相手に伝わらなければ、伝達したことにはならない。相手を見て、相手に応じた伝え方をしなければ、「明らかな伝達」には決してならないのである。

だからこそ、唯一の神は理想の伝達法を次のように明確にしておられる。

いざなうがよい。そなたの主の道へと。英知とよい話し方をもって。そして最善のやり方で議論せよ。本当にそなたの主は、その道から迷ってしまう者が誰かをよりよく知り、正しく導かれる者たちをよりよく知っておられるのである。（クルアーン第一六章一二五節）

いざなうのは神の道

前述のクルアーン第一六章一二五節は、イスラームの伝教に携わる者であれば、諳んじることの多い章句である。「いざなえ」で始まるこの章句でもって、伝教は神の命にお応えする信仰を証明する行為かつ善行であり、その方法は英知とよい話し方であるべきことを強調しようとする。もっともらしい話ではあるが、ありがちなのは肝心要の「いざない先」を誤解したお粗末な自己満足行為なのが現実である。正しくは「そなたの主の道にいざなえ」であり、「そなたの道にいざなえ」ではないからだ。哀しいかな…本来は職業的な伝教者など存在しないはずのムスリム社会に、キリスト教宣教師の影響からか、伝教活動を生業《なりわい》とする同胞が現れるようになって久しく、最近ではこの日本にもそのような人たちが現れ始めた。入信者や改宗者があれば、その瞬間を動画に収め、自分の営業活動の成果であるような喧伝をする。動画のサムネイルは個人の大きな顔。いざない先は、果たして本当に神の道なのか、と問わざるを得ない。

イスラームは天性の教え

クルアーンでは、イスラームという宗教がいかに天性の教えであるかが、次のように語られている。

だからそなたの顔を宗教へと純真に向けよ。アッラーが人々をその上に創造された天性〈の宗教〉にである。アッラーの創造に置き換えはない。それが真の宗教である。だが、多くの人は知らないでいる。（クルアーン第三〇章三〇節）

また、クルアーンに次ぐ典拠とされる預言者ムハンマドの言行録では、次のように言われている。

生まれてくる子は皆、天性（フィトラ）のもとに生まれてくる。だが、その両親がユダヤ教徒やキリスト教徒、あるいはゾロアスター教徒にするのである。動物が動物を〔五体満足なかたちで〕産むように、である。果たして最初から身体の欠如があるだろうか。（ハディース学者アル＝ブハーリーが預言者ムハンマドの直弟子（教友）アブー・フライラによるハディースとして伝承）

これらの典拠から汲み取れるのは、イスラームは人間の天理自然な道を説くものであり、偏屈で異質なものではないということである。宗教心は、天性のもの、天賦の才であることが、イスラームの典拠からは証明されるわけである。ならば、それを尊重したやり方での伝達をこそ尊ぶべきであろう。

イスラーム改宗を後押ししたもの

筆者の経験談に話を戻そう。クルアーンの英訳を印象的なアプローチで手渡されたとはいえ、古典的で高尚な英語で書かれたそれは、当時一八歳の筆者が読んでわかるものではなかった。具体的にイスラームを読み学び始めるのは、帰国してからのことである。「自分の信じる人生観がいちばん正しいと思いはしても、所詮お前は一八のガキだ。よく知りもしないうちから、世界二〇億の人が信じるイスラームのことを間違っていると一刀両断することはできまい！」と自分に言い聞かせることで、最後の偏見を払い除けた筆者は、曇りなき眼で見るイスラームに驚嘆する。知れば知るほど、真理探求を志して以来ずっと描き続けてきた「本物の宗教」のイメージと、イスラームが合致するのに目を見張ったのである。冠婚葬祭忘れたころの神頼みが常識とされる日本で生まれ育ちながらも、「本物の宗教なら、人間の生涯全てを左右すべきものであるはずだ」という思いは揺るがなかった。だからこそ出家に憧れたわけだが、家族という天与の絆をあえて断ち、人恋しく思う寂しさも全ては煩悩と罪悪視して一切の欲を滅しようと努める修行の道はかなわなかった。ところが聖と俗を分けないイスラームなら、無理なく日常の生活を送りながら、信仰の道を深めることも可能であるという。これこそ一日二四時間、一週間七日という人生の全てを左右する本物の宗教だと得心したわけである。

最後の躊躇《ためら》いとなったのは、将来への不安であった。自分自身が偏見を抱いていたように、多くの日本人がまだイスラームのことを正しく知らず、ムスリム（イスラーム教徒）に親近感を抱いてはいない。「このまま一線を超えて改宗したら、将来僕は『ムスリムですみません』などと言いながら肩身の狭い思いをして生きていかねばならないのではないか…」そんな不安を払い除けてくれたのは、キング牧師と同時代にアメリカの黒人解放運動指導者として活躍したマルコムXの伝記映画であった。放蕩者から聖人のように劇的な変化を遂げ、カリスマ的な熱弁を振るう彼に感銘を受けたのもさることながら、獄中で出会った先輩格のムスリムから言われた言葉が筆者の心を鷲掴《わしづか》みした。「もし君が一歩神に近づこうとすれば、神は君に二歩近づいてくださる」

後にこれは預言者ムハンマドがクルアーンとは別に神の言葉として語ったというハディース・クドゥスィーで「人が歩いて近づこうとすれば、神は走って近づいてくださる」と言われているのが元になっているのを知るが、とにかく当時の筆者はまさに神に近づきたいけど不安で躊躇《ためら》っている状態にあったことから、その言葉が大きな励みとなったわけである。

最後の一押しは、画面越しではあれ、初めて見る者にとっては衝撃的な大巡礼の光景であった。

「世界中に大勢の人が集まる場所は数あれど、その目的は娯楽ばかり。唯一の神の命《めい》に応えるという崇高な目的のためにこれだけ多くの人が集まり、同じことをする場所がここ以外にあるだろうか……いや、ない！……ということは、ムスリムになるということは恥ずかしいことなどではなく、むしろカッコいいことなんだ！」そうしてようやく筆者は将来への不安を断ち切り、その晩生まれて初めて膝をつき、両手をつき、額をついて唯一の神に祈りを捧げ、神と自分の間ではムスリムとなったのである。

恩恵の自覚と伝教の責任

改宗してからは、読んで字の如くピンからキリまでいる様々なムスリム同胞と接してきた。中には、「正直に言えば、お前とは兄弟ではありたくない」と思わせられるようなイヤな奴もいる。本来、性格が悪いのに良いムスリムというのはあり得ないのだが、どこの世界にも独善的で押し付けがましい輩はいるもので、自分では敬虔な信徒だと思っているのだからなおタチが悪い。総じてそういう人たちの伝教方法は、押し売り方法がほとんどであり、百害あって一利なしと言わざるを得ない。「真理が黙ってしまえば、虚偽が語り出す」とアラビア語の格言で言われる通り、遠慮がちに押し黙っていては、本来のイスラーム伝布《でんぷ》がそうであったように「ムスリムに憧れて改宗／入信する」という道、すなわち言葉による伝教ではなく、「状態や人となりによる伝教」の道が廃れてしまう。そうした危機感から、僭越ながら筆者はイスラーム学の基礎を修めて帰国した後、就業時間とは別の私的な時間に自転車操業で慎ましやかな活動を続けている。そこでのモットーは、相対する人の宗教心を信じ、自分より良い貢献をしてくれるかもしれないと「つなぐ」ことである。それは次のハディースが拠りどころとなっている。

アッラーの御使い〔祝福と平安あれ〕がミナーの〔地の〕アル＝ハイフ〔カイフ〕に立って言われた。「わたしの話を聞き、それを伝える人を、アッラーが輝かせてくださいますように。ひょっとすると、理解の運び手は理解する人ではないかもしれず、理解の運び手がよりよく理解する人へと理解を運ぶかもしれないからである。」(ハディース学者イブン・マージャが預言者ムハンマドの直弟子〔教友〕ジュバイル・ブン・ムトゥイムの伝えるハディースとして伝承)

聖地マッカのカアバ殿やマディーナの預言者マスジドを訪れると、世界中から数え切れないほど多くのムスリムを目の当たりにする。概数にすれば、昨年二〇二二年の大巡礼参加者は九〇万人(コロナ前の二〇一九年は二五〇万人)、通年可能な小巡礼参加者は六〇〇万人とされ、史上最大の大巡礼参加者数は二〇一二年の三一六万人だそうだ。いずれにしても、かの地や多くのムスリム社会では、宗教心に基づく生き方が至って自然で当たり前のことであることを実感させられる。日本ではむしろ特殊なものと見做《みな》されがちであり、それがイスラームであればなお稀有なものとされがちなのに比べ、対照的な世界である。

一方、日本では何らかの宗教団体に所属する人の数が政府発表の宗教統計調査によれば、一億七九〇〇万人（二〇二一年）とされるほど、一億二五七〇万人の人口比で見ても明らかに、多くの人が拠りどころを求めている。残念なのは、正しい形での認知度の低さからか、まだまだ日本ではイスラームが真理探究の門戸として選択肢に上らないことである。ビジネスと化した悪徳宗教団体が強制的な手法で信者の囲い込みをする中で、「宗教に強制はない。」（クルアーン第二章二五六節）と明言しながら世界各地で信者増大の一途を辿るイスラームの教えに直接触れる機会が一人でも多くの人に訪れることを心から願いつつ、本稿を締め括ることとしたい。

（四）日本人ムスリムの役目

岸　初江

日本とイスラーム

イスラームと聞いて日本人はどんなイメージを抱くのだろうか。遠い国の宗教と思う人も多いだろう。これまで耳にしたことを挙げてみると、何を考えているかわからない、飽きずに戦争ばかりしている、自爆や人殺しを神のための崇拝行為だと思っている、鬚を伸ばし怖い等々、良い印象を持っている人はまずいない。これはなんと言ってもマスコミの影響と言えるだろう。

また日本には政治と宗教の話はご法度という暗黙のルールがある。たとえば貸し教室などの使用にあたっての注意書きには、

「宗教の集まりに使用してはいけない」

と記されている。

私の記憶を辿ると中学生の時に友人とひそひそ話で、「あの人は○○教の信者ですって」と話した覚えがある。あくまでひそひそ話で公《おおやけ》に話してはいけないことと認識していた。この

ように日本人には宗教へのアレルギーが小さい頃から植え付けられている。よって人と宗教の話がしにくいのだ。無宗教の人たちと共通の知り合いが宗教に入ったという話になった時によく出てくる会話で、ひとりが、

「あっちの世界に行っちゃったね」

と言うと、もうひとりが、

「彼女は純粋だから、マインドコントロールされやすいのよ。誰も止めてくれる人はいなかったのね」

と語り、哀れな人として会話にのぼるのだった。さらに会食中、豚肉に手をつけない人に、

「まさか、変な宗教に入ったわけじゃないでしょうね」

とからかい、笑いがおきたこともあった。このような言葉からも宗教についてのイメージはよくないと気付くのだ。また、日本人がイスラームに入るわけがないという考えのもとでの発言であることを知る。

私とイスラーム

無宗教だった私が宗教を嫌った一番の要因はしつこい勧誘だった。相手の気持ちはお構いなし。まずお金を要求するところから始まることこそ、近付かないようにと注意信号が点滅

する。そのような経験からも宗教イコール金儲けというイメージが強かった。一家で一〇部も同じ新聞を取っている人は宗教団体の自分の支部の成績を上げるためだと言う。イスラームといえば入会金も、高額なお守りもないので何かを売りつけられる心配もない。それを知らない人はただ近寄りがたい宗教なのだと思う。よくわからないから注意しようというものだ。ただ「お天道様が見ているから悪いことはしてはいけないよ」という日本の昔からある道徳心は、イスラームの教えとなんら変わりはない。イスラームの生き方、方針は無宗教の日本人に受け入れられやすいと、改宗した私は思う。

イスラームの透明化

まだまだ知られていないイスラーム。もっと透明化しなければ恐れられてもしかたがない。イスラームはシンプルでやさしいことを伝える必要がある。それを怠るとムスリムに誘われて話を聞きに行ったら何をさせられるのか、家に帰ることはできないのではなかろうかなどと不要な心配をさせてしまう。

透明化するには私達ムスリムが、ムスリムとばかりと群れているとイスラームを伝えることや、ムスリムの友人を作る機会を私たち自身で逃していることとなる。堅苦しいことではなく、ムスリムではない人に対してオープンでいることが大切だと思う。私たちがムスリムになる以前にイスラームに対してどんなことを感じたかを忘れないことがポイントではなかろうか。たとえば質問には感じ良く答える。感じ良くとは優しい言葉で、人に安心して聞いてもらえるような声のトーンや話し方や話すスピードにも注意を払いたい。たとえばマスジドに入ろうとした女性に、

「スカーフを被らないと中に入ってはダメ！」

とどなったり、質問に答える際にイスラーム用語を連ねたならば、伝えたいという目的と真逆の結果を招きかねない。

ラマダンが終わったあとで、食事を共にしようとやってきた見学者が賑《にぎ》やかに話をしているムスリムたちの中で、どうしていいかわからないとばかりに、端に無言で座っているのを何度か目にした。断食後の食事会は特に私たちムスリムにとって楽しい時間で、久しぶりに会う同胞との会話に夢中になってしまう。ムスリムたちが盛り上がるほどに見学者の居心地はよくないだろうし、自分がその見学者だったら、

「早く食べて帰ろう」

とか、誰か話す人がいたらよかったと思うのではないだろうか。そこで私たちムスリムひとりひとりが来てくれた見学者に声をかけることで、イスラームに対する印象は変わるに違いない。自分から出向くことなく、容易《たやす》くひとりでもできるイスラームを知ってもらうチャン

スなのだ。そういう小さなことが大切であり、誰にでもできることだと思う。そこに来た方々が帰るときに楽しかったと思ってもらうだけで十分だと思う。大きなことをできなくても少し意識するだけで、イスラームのイメージを変えていく一歩にしていけると信じている。

日本の冠婚葬祭

さて、ムスリムに改宗したのち日本での生活はどう変わるだろうか。日常生活はあとに書くことにし、冠婚葬祭を取り上げてみることにする。これがまた初心者ムスリムにとっては難儀なことばかりなのだ。

ムスリムではない友人の結婚式に招待された時に、私はこう思った。

参加できるわけがない。なぜならムスリムとして服装、食事がまずもって普通の日本の結婚式にはそぐわないからである。豚肉をはじめアルコールなど口にできないものは数多くある。さらに下手をすると花嫁より目立ってしまうムスリムの服装。夏の結婚式なので一般の参加者は、皆、華やかなファッション。髪をアップにし、腕や肩を出したドレス。ひざ下は美しい足を見せヒールを履く。一方、ムスリムの衣装はと言えば、夏といえども長いスカート、もしくはロングワンピースにスカーフ（ヒジャブ）を頭に巻いたスタイル。暑いのになんという格好をしているのかと誰もが疑問に思うだろう。

私は参加するか大いに悩んだ。しかし大切な友人の一生に一度の結婚式。悩んだ末、新婦にイスラーム教徒になったことを話した。そして正直に心の内を伝えた。参加したいが主役に迷惑をかけたくないこと、まずはヒジャブ姿で参列していいものか、許可を取ることにした。

「もしも、少しでも恥ずかしいからやめてほしいという気持ちがあるのなら、私はその気持ちを尊重したい」

と思った。とはいえ正直、彼女がどう思うか返事がこわかった。彼女のウェデングドレスに集中してほしいのに、皆の視線がヒジャブ姿の私に向けられては本末転倒。友人からの返事をもらうまで合否を待つ受験生のような緊張だった。さて彼女からの返事は、

「イギリスに転勤したときにムスリムに助けてもらった経験もあって、ムスリムという存在に慣れていたし、違和感もないから、そのまま（ありのまま）で参加してほしい」

と言ってくれた。その言葉がどれだけ嬉しかったか。彼女がイギリスで出会ったムスリムに心から感謝した。

次に極めつきは食事だ。立食ならともかく、コース料理をひと皿も手もつけずにいるのは大変失礼なことに違いない。しかし、食事までさすがにわがままは言えない。それでなくても結婚式の準備で当人は大変なのだから。

「のっぴきならない事情で食べてはいけないものを口にします」と神に断りを入れ、何が出てきても食べるしかないか。結婚式に出席するにも数日間これほど悩むなど一般参加者は想像もしないだろう。そうこうするうちに会場側から食事についてのアレルギーの確認のハガキが届いた。この確認に私は救われたのだった。そこに、

「豚肉およびアルコール」

と書いた。この一件を生まれながらのムスリムに話した。

「大変だね」

というくらいの言葉が返ってくると思っていたが、彼女は、

「外国人ムスリムがヒジャブをして参加しても〝外国人だからそういう格好なのね〟と思われるだけよ。あなたたち日本人はヒジャブを被っただけで注目される。なんでそういう格好をしているのかなと少なくとも疑問を持つ。それはあなたたち日本人だからこそのチャンスよ。イスラームってなんだろう、なんであの人はムスリムになったのだろうって考えてもらう絶好のチャンスなのよ。それは私たちにはできないことで本当にうらやましいことよ」

と言ったのだった。

想定外の〝うらやましい〟と言われて、ハッとした。その視点を私は持ち合わせていなかったからだ。たしかに友人の結婚式ではあるが、二時間以上も同じ部屋で過ごすわけで、関

心を持ってもらうチャンスと言えるかもしれない。しかも新郎新婦が、

「そのままで来てください」

と言ってくれているのだから。これは私たち日本人ムスリムにしかできないことかもしれない。そして当日、私はなるべく暑苦しく見えないような色彩の服装で会場に向かった。

式が始まるまでの待合室では、皆、シャンパンを飲んだりして賑やかだった。私はその隣の誰もいない部屋で待つことにした。しばらくすると係の方が、

「会場へご案内いたします」

と皆に声をかけた。皆はムスリムにどんな反応を示すか。まるで私が結婚するかのような緊張だ。とにかく笑顔でいようと決めた。晴れの席であり、あくまで祝うために来たのだから。

ところがその緊張はすぐに消えた。同じテーブルの人は皆、品良く、感じのいい方ばかりで、気さくに話しかけてくれた。気がつくと普通にただ友人の幸せ溢《あふ》れる式に感動している自分がいた。

入信後、もうひとつ困ったことが母の葬儀だった。

母は亡くなる一ヵ月前にイスラームへの信仰告白をした。父や他の人がいたら反対されるから、それは私とふたりだけになった時のことだった。そのことを家族に説明し、母を火葬

せずにイスラーム式に葬ってもらえないかと頼んだが、予想通り「それはだめだ」と断られた。理由は母がこれまでひそかに積み立てていたのが仏式の葬式であること、親戚や家族はイスラームの葬儀を望まないこと、何よりも母が入信したこと自体信じることができないということからだった。

すでに家族によって手配された葬儀屋と次々に事を進めていかなくてはならず、母を亡くした家族の心を想うと、これ以上私が何かを言って彼らの心を苦しめたくなかった。結局、仏式の葬式を行うこととなった。家族にムスリムがいないと事あるごとにひとりで考え、戦わなければならない。今ある状態で自分ができるイスラームの正しい道を探すことが問われる。しかし、私がしたこと、できたことが、どれほどなのか私にはわからないままだ。人に相談する暇さえなかった。

火葬場で私は神に、

「どうか母の信仰告白を受け入れてください」

と祈った。祈ること。そこで私ができる唯一のことだった。日本式の荼毘《だび》に付すまで、いわゆる火葬している間に食事をすることが、私にはどうしても耐えられないので、「ここだけは席を外させてくれないか」と姉妹に頼んだが、「あなたこそ親戚の相手をしなくてはいけない」と席を外すことは許されなかった。その場にいる誰とも私の気持ちを共有できなかった。

このような孤独でつらい経験こそ何かに役立てるはずだ。日本人ムスリムにしかわからない感情なのだから。神に頂いた経験はただ苦しかっただけで終わらせず、これを他人に活かすことが、神を想い、感謝することのように思う。

夏祭りや行事に関しても、これまでのように楽しむだけのものではなく、「イスラームとしてどう扱い捉えるか」を考えるようになる。ひとつひとつ丁寧に考えることは、私たち日本人ムスリムがもらった神からの特別なプレゼントなのだろう。そこに日本人改宗ムスリムの役割が隠れていると感じるのだ。

日常生活の中で

日常生活において宗教が必要だと感じることは多い。精神科でカウンセリングの仕事をしているのだが、一日に何人もが「死にたい」と言う。患者さんの多くが自分の命を自分で絶つことは自由だと思っている。

「生きている意味がない」

「この不幸な状態から抜け出したい」

と訴える。それは老若男女を問わずである。神の存在やあらゆる恵みに感謝することや、生きる意味などを教えられていたら、日々の出来事の捉え方は違うだろう。一見、豊かに見える日本だが一三歳の子の腕に自殺未遂の痕を見つけたとき、目に見えない心の教育を我が国は見落としていると感じる。何故生きるかを考える授業があって欲しい。

信仰と人生を語る会

月に一回開催される水谷周先生の「信仰と人生を語る会」に、私は続けて参加させて頂いている。この会は私にとって、日々の諸事で神への想いや感謝を忘れがちなところを軌道修正する機会であり、欲しい言葉が頂ける貴重な時間だ。私がムスリムになってから、いや正しく言えば、ムスリムになるきっかけの言葉にならない気持ちを的確にかつ腑《ふ》に落ちる言葉で答えを頂けるのが「信仰と人生を語る会」である。

自分の感情をなんと説明すればいいか表現できないこと、自分がどうしてそうしたのかなど、意味がわからないことを水谷先生は言葉にしてくださる。「信仰と人生を語る会」で私の心の中のモヤモヤがすっきり、くっきり、明確になるのだ。たとえば、

「なぜムスリムになったか」

と聞かれても理屈では説明ができない。私はイスラームのことをなにひとつ知らなかったが、「ただいま」というような、ここにずっといたいと感じたという正しい日本語にならない感覚だったのだ。水谷先生は直感が大切とよくおっしゃる。ある日に入信する人の心について、

「機が熟したから、直感が働いたのだろう」

と話された。何も私の話をしたのではない。講義の中にちゃんと欲しい答えがあるのだ。

巡礼の経験

巡礼に行かせて頂いた時のこと。世界各国からムスリムが集まるこの場で私がムスリムになったことを改めて実感した。

絶対的な安心感。言葉の通じない人々が集《つど》うこの場で、なぜ日本人の私が安心できるのか。それは同じ信仰をしているということに他ならない。その安心感の度合いは同じ人数の日本人が集まるよりも遥かに上回るものだ。何を大切に考え、何を目的に日々過ごしているのかがここにいる皆が同じという。これが絶対的な安心感なのだ。カアバ殿を魂を込めて巡る。どの国で生まれようが、ここで共に歩いている人々は家族のようなもの。ぎこちなさも感じない。私はムスリムだ。圧倒的な存在のカアバ殿の前で極めて自然にそこにいた。

カアバ殿の周りを巡るタワーフをし始め三週目だったか、記憶していた何十もの願い事が一瞬で私の脳からすべて消えた。思い出そうとしてもひとつも浮かばないのだ。必死になっても、頭の中にはムスリムになったことの喜びと、ここ（巡礼地）へ来させてもらえたことのあふれる感謝に変換されたまま。巡礼が終わるまで記憶は戻らなかった。それはなんというか、私の意志ではなく脳の中を誰かに掃除されたかのようだった。あれだけ毎日繰り返し祈っていた願い事が記憶から消えるなど不思議で仕方がなかった。

それから数年後のある日、水谷先生が講義の中で、

「タワーフをすると、赤子の魂に戻り、真っ白に戻されるのだ」

と話された。私にとって、それはあの日の私の疑問に対する神からの答えだった。このように様々な出来事が解明されることに心が弾むのだ。

水谷先生がよくおっしゃる「ピンとくる」や「直観」という言葉にとても惹かれる。言葉にできないことが非常に多いからだ。無宗教の日本人が私のように〝ピンときて〟入信することも増えるだろう。

入信して八年目でやっと気づくことがある。日本人ムスリムだからこそ、あらゆる場面で試行錯誤して生きていく。これらの試行錯誤こそ成長するチャンスであり、私たちに与えられた神からのご褒美であり、さらにはイスラームの生き方を実践できるか問われるところである。その経験を踏まえて、イスラームを知らない人の感情に心を寄せ、決して独りぼっちにさせない優しいイスラームが伝えられたらと願う。

また、改宗者ならではの客観的視点を、生まれながらムスリムとして育った同胞に伝えることも、私たちができることかもしれない。

コラム：特別寄稿　なぜムスリムになったのか

河田尚子

入信までの長い道

私が入信したのは一九九七年、ちょうど四〇歳の時のことでした。ですがその時のことを話すだけでは入信記として十分ではないと思います。少し長くなりますが、さらに二〇年ほどさかのぼって入信にいたった経緯を書いてみたいと思います。

学生時代、私は大学院で中東の歴史を学んでいました。今思えばお恥ずかしい限りなのですが、自分ではいっぱし、歴史の研究者になるつもりだったのです。

ただ、もともとはイスラームにも中東にも興味はありませんでした。私の通っていた大学は二回生まで教養課程、三回生から専門を選ぶということになっており、私は西洋史学科に所属することにしていました。高校生のころからローマ帝国、中でもセプティミウス・セウエルスという北アフリカ、リビア出身の皇帝の時代に興味があったからです。ところが私が所属したかったゼミの先生がちょうど学部長になられ、数年はゼミを持たないということがわかりました。途方にくれていると、東洋史学科の教授でシリアのパルミラを研究されている小玉新次郎という先生がいらっしゃるというのです。これ幸いとその先生のゼミに所属し、パルミラに繁栄をもたらした女王、ゼノビアについて研究を始めました。しかし大学院に進むとなると、小玉教授から、このままパルミラをやるなら院に残ることは勧めない。大学院で勉強するならイスラーム以後の中東にしなさいという指導を受けたのです。確かにそのままパルミラ研究を続けていく力も情熱も私にはありませんでした。やるならラテン語、ギリシャ語の他にアラム語や中世ペルシア語も学ぶ必要がある。考古学の勉強もしなければならない。イスラーム以後ならアラビア語を学べば何とかなる、という極めてイージーな考えでテーマを変更し、無事大学院に受け入れていただきました。

当時はちょうど、NHKで「シルクロード」という番組が大ヒットしており、シルクロード人気が最高潮に達している時期でした。東洋史学科にも、テレビを見て東西交流史がやりたい、という学生が何人もいました。私もご多分に漏れず、その一人だったのです。あれこれ悩んだ末、アラビア語でいくつも書かれている九世紀以降の地理書を史料に、地中海から北アフリカにかけての交易ルートの変遷を追うというところまではテーマをしぼることができました。ちょうど、藤本勝次先生が関西大学の東西学術研究所の所長になっておられ、そこでの勉強会に参加させていただいたり、京都大学の森本公誠先生の授業にもぐりこんだり、勉強する環境は恵まれていたと思います。

しかしそこには大きな障害がありました。それがイスラームです。交易ルートの変遷だから宗教は関係ない、とは言うことができない。私が学んでいる地域も時代も、イスラームを抜きに語ることはできません。当然、イスラームについても勉強しましたが、これがまったく理解も共感もできない。イスラーム関係の本を読んでも、頭に入ってこない。そのうちとうとう、自分がこのまま研究を続けていきたいのかどうか、それすらもわからなくなってきてしまいました。

研究が行き詰ったのは、もちろんイスラームのせいばかりではありません。私が入り込もうとした研究者の世界はとても奥深く、行けども行けども先の見えないジャングルのようでした。それを切り開いていく力が自分になかっただけのこと、イスラームに責任転換していたところもあったのかもしれません。とにかく、なぜ自分は好きでもないイスラーム世界の研究を選んでしまったのか、いったい自分は何をやっているのかなどと後悔でいっぱいになっていました。

二〇代後半にもなって、何者でもない自分。高校や大学の友人たちはやりがいのある仕事を見つけたり、結婚して子育てに忙しくしたり。同じ大学院の友人たちはばりばりと論文を書き、学会で発表していました。それなのに、自分はやりたいことすらわからない。どこにも居場所がない。誰にも相談できず、一人悩んでいました。それでも、すっぱりやめてしまうことはできませんでした。何しろ二〇代の大部分をそのために費やしてきたのです。今さら企業などに勤められるわけでもありません。まだ「非正規」や「フリーター」などの言葉もなかった時代です。

そんな時、幸いにも、当時大阪の国立民族学博物館（民博）に来られたばかりの文化人類学者、片倉もとこ先生のもとで勉強させていただく機会を得ました。私が通っていた大学と民博には単位交換の制度があり、週に一度先生の授業を受けると単位がもらえたのです。片倉先生は何をやったらいいのかすらわからない私の状態をすぐに見抜かれました。そして、別に授業なんかやらなくていい。それよりも、まだこちらに移って来たばかりで、荷物も片付いていないから、もしよかったら手伝ってくれない？と言われたのです。それからというもの、私は大学院に席を置きつつ、片倉先生の助手という立場に横すべりしていったのです。研究者になるのは無理ということを自覚しつつ、でもこの世界からすっかり抜け出してしまうこともできない。そんな私にとっては、大変居心地のいい立場でありました。

これまで自分が学んできたことを活かすことができ、イスラームや中東と無縁になることもありませんでした。『イスラームの日常世界』のご執筆の手伝いなどをする過程で、イスラームへのネガティブな印象もなくなりました。格別好きになったわけでもありませんでしたが、少なくともこれまでのように「わけわからない」というような拒否感はなくなったのです。居場所がなくて悩んでいた二〇代とは打って変わって、三〇代前半はこんな居心地のいい状態で過ぎていきました。

しかしそんな状態はいつまでも続かない。一九九三年に片倉先生は中央大学に移られ、大阪をあとにされました。民博の研究室を片付けながら、これからどうしよう?と考えていました。ただ、さすがにそのころにはもう、居場所がないなどと悩むことはありませんでした。同じ民博の、宗教人類学者である中牧弘允先生の研究室に雇っていただき、片倉先生との連絡も密に続けていました。これまでと同じように、研究者の世界の片隅に身を置かせてもらって、ぬくぬくとやっていくつもりでした。

その時に起こったのが、一九九五年一月の阪神・淡路大震災です。住んでいたのが神戸市の西の端だったため、揺れがひどかったわりに自宅の損害はそれほどありませんでした。家族や親戚、友人たちも無事でした。しかし民博への通勤は大打撃でした。ようやくある程度交通機関が復旧してからも、片道五時間近くかけて通勤していました。通勤の途中、がれきと化した町と無傷の町を目にし続けたことは、私の心に想像以上の影響を与えたと思います。

これまで何の疑問もなく、当然のものと思っていた文明生活が、数十秒の揺れであっけなく崩壊してしまう、電気もガスも水もなければ私たちの生活などサウジアラビアのベドウィンの生活よりも不自由なものになってしまう、ということを目の当たりにしたのです。自分たちのちっぽけさ加減を思い知ったと言いましょうか。それがバブル経済の崩壊後に起こったことも余計にそういう気持ちを増幅させたと思います。人間とその作り上げてきたものはなんと儚いもの、と思い知りました。

震災から一年後、中牧先生が、新聞に阪神・淡路大震災が日本人の心に与えた影響を宗教の側面から考えるという連載をするというので、神戸にあるイスラームのマスジドに取材に行くことになりました。その時に私も誘っていただいたのです。

それまでにも、マスジドに行ったことはあったのです。まだ学生時代、イスラームの勉強を始めたばかりのころ、アラビア語のクラスがあると聞いて、アポイントなしで足を運んでみました。しかし入り口にはしっかりと鍵がかけられ、誰もいる気配はありませんでした。それで電話をしてみたのですが、マスジドのお世話をしているという女性から「誰もいませんよ」と告げられ、門前払いされたような気持ちで、それ以後足を向けることはありませんでした。

　ところが、あの閉鎖的だったマスジドは様変わりしていました。当時、アズハル（イスラームの最高教育機関の一つであるエジプトのアル＝アズハル大学）から派遣されてきたマスジトの指導者のムハンマド・サラマ先生が対応してくださり、マスジドがムスリムだけでなく大勢の人の避難場所になったこと、イスラーム諸国から支援物資がたくさん届いたこと、クルアーンの中に大地震についての章があることなど語ってくださいました。

　しかも今、マスジドではアラビア語や女性のためのクラスがあるというではありませんか。無料という言葉につられ、ここであらためて一からイスラームについて学びなおすことになりました。

　サラマ先生は、もちろん深い信仰心をお持ちでしたが、それを人に押し付けることなく、ユーモアのセンスもあり、気さくにいろいろと私の疑問に答えてくださいました。私が長年持っていた偏見や思い込みは、サラマ先生のもとで学ぶことでほぼなくなったと思います。それでも、マスジドに勉強しに行くことにしたとき、イスラームに勧誘されるんじゃないかという猜疑心を抱かずにはいられなかったので、だいぶ警戒はしていました。当時の私は無神論者というほどではなく、ごく普通の日本人的な宗教観の持ち主だったと思います。神さまがいるのかいないのか、深く追求する気はなく、さりとて否定するわけでもなく、悪いことが起きれば「神も仏もいるものか」などと言い、そのくせお正月にはちゃりんと一〇〇円ばかりお賽銭箱にいれて、家内安全・商売繁盛などとあらゆることを、誰とも知れない相手にお願いする、という生活だったわけです。自分がイスラームに入信するなどとは、これっぽっちも思っていなかったのです。幸い、サラマ先生もマスジドの人たちも「ムスリムになりなさい」などと押し付けがましく言うことはなかったので、気楽に楽しく通うことができました。

そんなある日、サラマ先生とアラビア語を勉強していた時のことです。テキストの中にクルアーンの第一一四章、「人々章」が掲載されていました。サラマ先生は人間の心にささやかれる悪からのご加護をアッラーに願うという内容を説明してくださったあと、この章を朗唱されました。

失礼な言いかたかもしれませんが、サラマ先生のクルアーン朗唱は決して、美しい節回しで聞かせるというようなものではありませんでした。とてもシンプルで、一語一語聞きやすい朗唱でした。それを聞いている間に、私に何かが起こったのです。言葉で説明するのは大変難しい。イメージで言うと、雲の間から光がさしてきて、自分とつながったと言いましょうか。これは真実だ、という思いが胸に広がりました。正直、そのあとサラマ先生の授業がどんなふうだったのか、その日どうやって自宅に帰ったのか、まったく覚えていないのです。

クルアーンに人を入信させる力があるということは、知識としては知っていました。第二代カリフ、ウマルが、もとは反イスラームの急先鋒だったのに、クルアーンの朗唱を聞いて入信したという話も知っていました。しかしそういう「宗教話」が私は大嫌いだったのです。そんなことあるわけないでしょ、と思っていました。これだから宗教って嫌いなんだよね、と。それが自分に起こるなんて、サラマ先生がクルアーンを読み始める一秒前まで想像もしていなかったのです。それから一年近く、あれこれ悩みました。ムスリマとしてやっていく自信もなかったのですが、とにかく入信する決心がつき、神戸マスジドでシャハーダ（信仰告白）をしました。

長々と語ってきましたが、若い方々に申し上げたいのは、若いころ私が思うようにいかないとか、無駄だと思ってきたことが、すべてここにつながっていたということです。自分が行きたいゼミに行けなかった。研究者としてうまくいかなかった。やりたいことや居場所が見つからなかった。それはすべてイスラームへの道につながっていました。入信してからは、日本人ムスリマとして、いろいろ興味深い、まったく新しい生活が待っていました。二〇代で悩んだことは、決して無駄ではなかったのです。アッラーのご計画は、本当に計り知れないもの。六五歳になっても、まだまだ未来は未知数です。私の人生、これから先、どんなことが待ち受けているのか？　インシャーアッラー、という言葉で締めくくらせていただきます。

おわりに

宗教信仰は人の持つ最も崇高な部分に潜んでいるものであるので、いろいろの問題が出てくる。まずそれは口頭であれ文書であれ、他の人に伝えることが簡単ではない。しかし結局、伝えるためには何らかの手段に頼らざるを得ない。言葉でなければ、行為ということになる。また伝えるとしてもそれは他の営みとは異なり、独特の微妙さがあるということも、問題である。繊細であるために、正確に伝えられたのかどうか、直ちには確信が持てないのである。不安で、不明瞭さが付きまとうことになる。

一方では、それは他にはないほど、単純明快でもある。これが真理で真実だという中軸をしっかりと把握できれば、それがすべてなのである。それ以外は何であれ、付属の飾り物であり、いわば贅肉なのである。

本書では幾度か繰り返したが、いそいそと音楽会や展覧会に出向く人は多い。著者も大好きである。楽しみのために、足取りは軽い。それは芸術のもたらす楽しみのためであり、人生の喜びと感じるであろう。ところが宗教行為は、本来はそれ以上に厳粛で神々《こうごう》しいものであるはずだ。最高に崇高な精神的浄化の場に望むのだから、当然ということであろう。しかし現代の日本では、この崇高さとは何かを実感させてくれる機会にほとんど遭遇しないことにも問題がある。それは戦後の日本が置かれた特殊性でもある。

こうした特殊な状況にある社会の中で、信仰の真価をそれなりにでも味わえる人たちは幸せである。この幸せをできるだけ広めたい、そしてそれを「訴え」という強い形で知らせたいというのが、本書の出発点であった。どこまでその課題が果たせたかは、覚束ないが、読者諸氏には意のある所を汲んでいただければと念じている。

「われわれ一人ひとりの気が狂うことは稀である。しかし、集団・政党・国家・時代においては、日常茶飯事なのだ」というのは、哲学者ニーチェ（一九〇〇年没）の言葉である。今まさにウクライナに対するロシアの侵攻により、この警句がまたまた現実のものとなってしまった。もはやこういったことは繰り返さないと世界は決心したと思っていた人は少なくないはずだ。でもまた、再発した。それはこれからも起こされる恐れを十分示唆している。

これは日本だけではなく、世界共通の課題でもある。世の中がどのように動揺し、混迷の色を濃くしたとしても、最後に残るのは人間一人ひとりである。各自の心である。その心に、真珠のように輝き、鋼のように不屈の支柱があるとすれば、それは宗教信仰である。真実を信じ、正義を求める心である。野獣性を秘めた側面と清浄さを求める心の葛藤が、人の歴史なのであろう。それだけに、後者を大切にしたいものである。
幸い協力を得られた最終章の次世代の執筆者たちは、全員この繊細で稀有な真の信仰心を発芽させ、それを育みつつある人たちである。全員が、生きる意味、何のために生きるのかという悩みから出発し、人間のデザイナーであるアッラーに生かされているという意識に到達し、またクルアーンは人間の取扱書として生涯をかけてその深みを探求したいという求道の決意が示されている。どれをとっても、異口同音であるのは新鮮な驚きを誘うものがある。著者自身、その熱量とみずみずしさを見て、そして自らの若い日々を振り返りつつ、彼らから学ぶことも少なくない。今後は彼らの尽力によって、力強く法燈が引き継がれるものと信じている。

二〇二三年春

水谷　周

本書の刊行に当たっては、一般社団法人日本宗教信仰復興会議からの出版助成を得ました。

「四、次世代の訴え」執筆者略歴（50音順）

河田 尚子（カワダ ナオコ）

関西学院大学大学院文学研究科博士後期課程単位取得退学。片倉もとこ記念沙漠文化財団理事、世界宗教者平和会議日本委員会女性部会副部会長。アル・アマーナ（日本人女性ムスリム互助会）代表。専門はイスラーム史。

岸　初江（キシ ハツエ）

東京生まれ。通商産業省、ゼネコン、東京法務局で勤務後、フリーに。フラワーデコレーター、クルーズ船長、心理士を兼務。多様な人生経験を踏まえて、2015年にイスラームに入信。

兼定 愛（ケンジョウ メグミ）

慶應義塾大学大学院政策・メディア研究科後期博士課程修了、博士（政策・メディア）。慶應義塾大学非常勤講師。イスラームにおける悲しみとの向き合い方を多角的に研究。専門はクルアーン解釈学、宗教社会学。

杉本恭一郎（スギモト キョウイチロウ）

神戸大学大学院国際協力研究科修士課程修了。マレーシア国際イスラーム大学留学。現在は千葉イスラーム文化センター理事長、英国イスラーム教育研究アカデミー日本代表。訳書に『クルアーン—やさしい和訳』などがある。

前野 直樹（マエノ ナオキ）

日本サウディアラビア協会・日本クウェイト協会常務理事・事務局長。日本ムスリム協会理事。大阪外国語大学地域文化学科中東地域文化アラビア語専攻卒業。在ダマスカス ファトフ・イスラーム学院大学シャリーア（イスラーム法）学部卒業。

著者　水谷 周（ミズタニ マコト）

京都大学文学部卒、博士（ユタ大学）、（社）日本宗教信仰復興会議代表理事、現代イスラーム研究センター副理事長、日本ムスリム協会理事、日本アラビア語教育学会理事、国際宗教研究所顧問など。日本における宗教的覚醒とイスラームの深みと広さの啓発に努める。著書多数。『イスラーム信仰概論』明石書店、2016年、『イスラームの善と悪』平凡社新書、2012年、『イスラーム信仰とその基礎概念』晃洋書房、2015年、『イスラームの精神生活』日本サウディアラビア協会、2013年、『イスラーム信仰とアッラー』知泉書館、2010年、（以下は国書刊行会出版）『イスラーム信仰叢書』全10巻、総編集・著作、2010～12年、『クルアーン―やさしい和訳』監訳著、2019年、『黄金期イスラームの徒然草』2019年、『現代イスラームの徒然草』2020年、『祈りは人の半分』2021年、『イスラーム用語の新研究』2021年、『信仰の滴』2022年など。

装　丁：真志田桐子

カバー画像：Shutterstock

信仰は訴える――次世代への継承

2023年5月20日　第1版第1刷発行

著　者　水谷　周

発行者　佐藤今朝夫

〒174-0056 東京都板橋区志村1-13-15

発行所　株式会社　国書刊行会

TEL.03（5970）7421（代表）　FAX.03（5970）7427

https://www.kokusho.co.jp

ISBN978-4-336-07514-7

印刷・モリモト印刷株式会社／製本・株式会社ブックアート

定価はカバーに表示されています。